KB201830

브레인폰을 켜라

브레인폰을 켜라

AI 시대, 삶의 주인이 되는
뇌 활용 기술

일지 이승헌 지음

한문화

당신의 뇌를 되찾아야 할 때

뇌는 우리가 삶에서 열망하는 모든 것을 이룰 수 있는 열쇠를 쥐고 있습니다. 뇌가 있기에 우리는 생각하고, 느끼고, 꿈꾸고, 창조할 수 있습니다. 뇌는 우리가 가진 가장 놀라운 도구입니다. 그러나 오늘날 우리는 이 소중한 뇌를 제대로 관리하지 못한 채, 다른 많은 것들에 내어주면서 삽니다. 뇌의 잠재력을 제대로 발휘하지 못하고 오히려 그것을 빼앗는 수많은 것들에 둘러싸여 살아가고 있습니다.

스마트폰을 예로 들어보겠습니다. 스마트폰은 연결과 편리함을 약속하지만 사용하면 할수록 우리는 더 고립되고, 산만해지며, 내면의 평화를 잃어갑니다. 한때 인간을 연결하겠다는 목표로 시작된 기술은 이제 우리의 관심과 시간을 빼앗기 위한 경쟁에 몰두하고 있습니다. 우리의 뇌는 스마트폰이 제공하는 단편적이고 자극적인 정보에 끊임없이 노출되면서 깊이 사고하고 의미 있게 연결하는 능력을 점점 잃어가고 있습니다.

소셜미디어도 크게 다르지 않습니다. 한때 일상의 소소한 기쁨을 나누던 공간이 이제는 비교, 불안, 갈등의 장이 되고 있습니다. 타인의 성공과 행복을 보며 영감을 얻기보다는 자신의 삶을 초라하게 느끼고 끊임없이 부족하다는 압박에 시달립니다. 다양한 생각과 의견을 자유롭게 나누는 공간이 아니라 서로의 차이를 부각하고 갈등을 부추기는 무대가 되었습니다. 우리의 뇌가 소셜미디어에 점점 중독되면서 균형을 잃고 불안과 편견에 빠져들고 있습니다.

스마트폰과 소셜미디어를 통해 우리는 끊임없이 광고에 노출됩니다. 이러한 광고는 지금의 나로는 충분하지 않다는 메시지를 던지며 우리의 불안과 욕망을 자극합니다. '더 많이 가져야 해', '더 행복해져야 해'라는 욕구는 우리를 끝없는 소비에 빠트립니다. 하지만 이러한 소비는 일시적인 만족만 줄 뿐 지속적인 행복으로 이어지지 않습니다. 시간이 지날수록 우리의 뇌는 즉각적인 만족을 갈망하며 끊임없이 다음 것을 쫓는 악순환에 빠지게 됩니다.

뇌의 상상력과 창조력을 북돋아야 할 학교와 사회는 오히려 그 가능성을 억누를 때가 많습니다. 우리는 정해진 틀 안에서 정답만 찾도록 훈련받고, 실패를 피하며, 가장 안전한 길을 따르도록 배웁니다. 좋은 학벌, 안정된 직업, 높은 연봉 같은 목표를 쫓

느라 자유롭게 꿈꾸고 도전하지 못하고 사회가 제시한 기준을 따라가기에 바쁩니다. 이렇게 경쟁에 최적화된 뇌는 점점 경직되어 호기심과 유연성을 잃고, 내면의 목소리에 귀 기울이는 법도 잊어갑니다.

뇌의 주의를 빼앗는 위협은 외부에만 있는 것이 아닙니다. 가장 큰 적은 우리 내부에 있습니다. 부정적인 사고 습관이나 자신의 능력을 의심하는 태도는 외부의 영향보다 더 강력하게 우리의 뇌를 무기력하게 만듭니다. 과거의 실패와 부정적인 경험, 일어나지도 않은 일에 대한 막연한 두려움이 뇌를 지배하면 더 나은 미래를 상상하기가 어려워집니다. '나는 아직 부족해', '나는 못해', '이건 내 능력 밖이야' 같은 생각을 반복할수록 뇌가 위축될 수밖에 없습니다.

우리가 무의식적으로 받아들이는 수많은 정보는 우리의 사고방식, 감정, 행동에 깊숙이 스며들어 영향을 미칩니다. 특정 정보에 지속적으로 노출될수록 익숙해지고, 그 영향은 중독으로 이어질 수 있습니다. 정교해진 인공지능 알고리즘이 제공하는 정보에 의존할수록 우리는 정보를 스스로 선택하고 판단하는 능력을 서서히 잃어갑니다. 그 결과 우리의 뇌는 창의적이고 능동적으로 작동하기보다 외부 자극에 단순히 반응하는 수동적인 상태에 빠져들게 됩니다.

이 책에 대하여

우리는 우리의 뇌를 되찾아야 합니다. 무의식적으로 받아들이는 수많은 정보와 우리의 주의를 빼앗는 디지털 기기, 그리고 스스로 만든 고정관념과 습관에서 벗어나 뇌가 스스로 판단하고 선택할 수 있는 주도권을 회복해야 합니다.

뇌를 되찾는다는 것은 스스로 정보를 선택하고 판단하는 능력을 회복하는 것입니다. 뇌가 외부의 영향을 그대로 받아들이는 수동적인 도구가 아니라 삶을 창조하고 이끄는 중심이 되도록 다시 세우는 것입니다.

뇌를 되찾는 여정의 중심에는 '브레인폰'이 있습니다. 그것은 스마트폰과는 비교할 수 없을 만큼 강력하며, 자연이 우리에게 선물한 경이로운 시스템입니다. 브레인폰은 내면의 지혜와 창조성, 직관과 깊이 연결해 줍니다. 브레인폰은 우리의 무한한 가능성을 상징합니다. 브레인폰을 켠다는 것은 내면으로 주의를 돌려 마음이 지닌 창조적이고 직관적인 힘을 온전히 발휘하는 것입니다. 이를 통해 우리는 원하는 목표를 현실로 만들어낼 수 있습니다. 브레인폰을 켜는 그 순간 우리는 뇌를 되찾고 자기 생각과 행동의 주인이 되는 첫걸음을 내딛게 됩니다.

브레인폰을 켜기 위해서는 몸과 마음, 정신이 조화를 이루는 활동이 필요합니다. 나는 이를 '브레인 스포츠'라고 부릅니다. 브레인 스포츠는 단순한 운동이 아니라 라이프스타일입니다.

즉, 일상의 모든 활동을 성장과 발전의 기회로 바꾸는 삶의 태도입니다. 여기에는 턱걸이 같은 육체적 활동, 명상과 같은 정신적 활동, 상상 같은 창조적 활동이 모두 포함됩니다. 간단히 말해 브레인 스포츠란 브레인폰을 활성화하고 뇌의 잠재력을 깨우는 모든 활동입니다.

이 책은 브레인폰을 켜고 브레인 스포츠를 일상에 통합하는 실용적인 지침을 담고 있습니다. 내면의 진정한 느낌과 연결되고, 외부의 정보에 휘둘리지 않으며, 상상력과 창조력을 활용하여 목표와 행동을 일치시키는 방법을 안내합니다. 단계적인 실천법과 구체적인 사례를 통해 삶의 균형, 기쁨, 충만함을 찾는 방법을 배우게 될 것입니다.

또한 이 책의 끝부분에서는 인간의 뇌가 지닌 최고의 잠재력인 '신성神性'에 대해 이야기합니다. 우리는 내면의 신성을 알아차리고 받아들임으로써 개인적인 성장을 이루는 동시에 세상에도 긍정적인 변화를 만들어갈 수 있습니다.

성인의 마음

뇌 속의 신성이 깨어날 때 창조성뿐 아니라 양심, 공감 능력, 세상을 이롭게 하려는 홍익의 마음이 드러납니다. 이런 자질이 활성화되면 우리는 뇌의 무한한 능력을 발휘하여 자신뿐만 아니라 다른 사람들을 도울 수 있습니다. 나는 이러한 뇌의 특징을

'성인聖人의 마음'이라고 부르며, 이것이 인류의 희망이라고 믿습니다.

많은 사람들은 성인을 도덕적으로 완벽한 존재나 예수, 부처, 공자, 무함마드와 같은 위대한 영적 스승으로 생각합니다. 그래서 성인은 나와는 상관없는 사람이거나 존경하고 섬겨야 할 대상으로만 여깁니다. '내가 성인이 될 수 있다'라는 생각 자체를 오만이나 과대망상으로 치부하기도 합니다. 하지만 이런 생각은 성인에 대한 오해에서 비롯된 것입니다.

오늘날 우리에게 필요한 성인은 완벽한 위인이나 매우 특별한 능력을 지닌 사람이 아닙니다. 성인은 자신 안의 신성을 드러내 자신과 타인, 세상을 향한 사랑과 책임을 실천하는 사람입니다. 지금의 지구에는 한두 명의 성인이 아니라 수천, 수억 명의 성인이 필요합니다.

우리는 매일 기후변화, 전쟁, 폭력, 정치적 갈등 등 전 세계적으로 심각한 위기와 마주하고 있습니다. 이런 문제들은 모두가 함께 노력해야만 해결할 수 있습니다. 상호 연결된 오늘날의 세상에서는 평범한 개인의 작은 행동 하나도 전 세계적으로 의미 있는 변화를 일으킬 수 있습니다.

이미 많은 사람이 인류와 지구를 걱정하며 행동에 나서고 있습니다. 세상을 걱정하고 책임감을 느끼는 이 마음이 바로 '성인의 마음'입니다. 우리는 모두 내면에 이러한 마음을 지니고 있으며 누구나 이를 드러내고 실천할 수 있습니다. 단지 그 마음을 더 적극적으로 드러내고 행동하겠다는 선택과 용기만 있으면 됩니다.

우리의 뇌는 그냥 흘려보낼 수 없는 귀중한 능력을 지니고 있습니다. 우리가 살아가는 지구는 망가뜨려서는 안 될 소중한 터전입니다. 인류는 포기하기에는 너무 위대한 가능성을 품고 있습니다. 그리고 지금 우리는 놓치면 다시는 오지 않을지 모르는 역사적인 기회 앞에 서 있습니다.

우리에게는 뇌가 있고, 그 뇌의 주인은 우리의 마음입니다. 우리가 찾는 해답도, 우리가 꿈꾸는 미래도 결국 뇌와 마음속에 존재합니다. 뇌의 주인으로서 자신의 마음을 의식적이고 주도적으로 사용한다면 우리는 더 건강하고 행복하며 충만한 삶을 살아갈 수 있습니다. 또한 뇌의 잠재력을 경쟁과 파괴가 아닌 평화와 공생을 위해 사용하기로 선택한다면 모두를 위해 더 나은 미래를 창조할 수 있습니다.

이 책이 당신이 뇌를 되찾고, 자신과 세상을 이롭게 하는 길을 선택하고 실천하는 데 작은 힘이 되기를 바랍니다.

일지 이승헌

차 례

TAKE BACK YOUR BRAIN

1장

기계에

빼앗긴 마음

우리가 늘 가지고 다니는 물건 중에서, 이것 없이는 생활하는 것이 상상도 되지 않는 것이 있다면 무엇일까요? 아마도 많은 사람들이 스마트폰이라고 답할 것입니다. 혹시 최근에 스마트폰을 집에 두고 외출한 적이 있습니까? 불안하고 허전하며 중요한 뭔가를 놓친 듯한 느낌이 들었을 것입니다. 이메일을 확인하고, 일정을 관리하며, 친구들과 소통하는 것까지 이 작은 기기 없이는 일상을 정상적으로 유지하는 것이 거의 불가능하다고 느껴질 정도입니다.

스마트폰을 잃어버린다는 생각만으로도 머릿속이 하얘질 정도입니다. 친구에게 전화를 걸려다 전화번호가 전혀 기억나지 않아 당황했던 경험이 한 번쯤은 있을 것입니다. 스마트폰에는 온갖 개인정보, 사진, 동영상, 모바일 은행 정보까지 다 담겨 있습니다. 만약 누군가 이 정보를 털어간다면? 상상만으로도 아찔합니다. 실제로 스마트폰을 잃어버렸을 때 받는 스트레스가 얼마나 심각한지를 보여주는 연구 결과도 있습니다. 영국 생리학회가 2017년에 실시한 설문조사에 따르면, 스마트폰 분실이 테러 위협과 거의 같은 수준의 스트레스를 유발한다고 합니다.

널리 보급된 지 불과 20여 년밖에 되지 않은 스마트폰은 우리의 삶을 완전히 바꿔놓았습니다. 이제 스마트폰은 단순한 전화기가 아니라 카메라, 계산기, 지도, 녹음기, 라디오, TV, 미니컴퓨터 역할까지 하는 만능 기기로 자리 잡았습니다. 우리는 스마트폰으로 일하고, 공부하고, 소통하며, 심지어 여가와 휴식까지 의존합니다. 과거에는 정보를 얻으려면 사람을 만나거나 도서관을 찾아야 했지만, 지금은 스마트폰과 와이파이만 있으면 정보 검색은 물론 웬만한 일도 손쉽게 해결할 수 있습니다. 그야말로 손끝에서 펼쳐지는 새로운 세상입니다.

스마트폰은 우리를 스마트하게 만들지 않는다

우리는 매일 스마트폰에 의존하며 살아갑니다. 그런데 이 기기가 정말 우리의 삶을 더 '스마트'하게 만들어 주고 있을까요? 아니면 오히려 주의를 산만하게 해서 집중력을 떨어뜨리는 것은 아닐까요? 분명한 사실은 스마트폰이 건강에는 도움이 되지 않는다는 것입니다. 하루 종일 고개를 숙인 채 화면을 응시하다 보면 목은 뻐근하고, 눈은 건조하며, 머리는 멍합니다. 또한 많은 사람들이 늦은 밤까지 스마트폰을 들여다보느라 수면에 어려움을 겪습니다. 하지만 그보다 더 심각한 문제는 스마트폰에 대한 정신적인 과의존입니다.

스마트폰은 우리의 주의를 끊임없이 방해하는 존재가 되었습니다. 일할 때, 식사할 때, 심지어 소중한 사람과 함께할 때조차도 우리는 무의식적으로 스마트폰을 확인합니다. 알림과 끝없는 스크롤은 우리를 지금 이 순간에서 멀어지게 합니다. 스마트폰을 계속 사용하다 보면, 짧은 시간 안에 많은 정보를 처리하려는 습관이 생겨 정보 사이를 빠르게 옮겨 다니게 됩니다. 그결과, 정신이 산만해져 한 가지에 오랫동안 집중하기가 점점 더 어려워집니다.

2023년에 미국 캘리포니아대학교 어바인 캠퍼스의 글로리아 마크Gloria Mark 박사가 발표한 연구에 따르면, 대부분의 사람은 화면에 47초 이상 집중하지 못한다고 합니다. 20년 전에 2분 30초 동안 집중했던 것과 비교하면 현저한 차이를 보여줍니다. 게다가 기억력을 훈련할 기회도 점점 줄어들고 있습니다. 예전에는 자주 걸던 전화번호를 거의 다 외우고, 지도나 친구가 알려준 경로를 기억하며 길을 찾았습니다. 하지만 이제는 자기 집 주소조차 스마트폰에서 확인하는 경우가 많습니다.

영국 옥스퍼드대학교 출판부는 2024년 올해의 단어로 '브레인 롯brain rot'을 선정했습니다. 직역하면 '뇌 썩음'이라는 의미로,

무의미한 소셜미디어 콘텐츠에 지나치게 몰두할 때 나타나는 정신적인 쇠퇴를 뜻합니다. 연구에 따르면 과도한 디지털 기기 사용 시간은 실제로 우리의 인지 능력을 떨어뜨릴 수 있다고 합니다. 그 결과 많은 젊은이들이 치매 초기 단계와 유사한 기억력 감퇴, 집중력 부족, 대인관계 능력 저하, 자기 관리 소홀 등의 문제를 겪고 있다고 지적했습니다.

또한 기술에 대한 지나친 의존은 우리의 타고난 호기심과 창의력을 약화할 수 있습니다. 미국 로욜라메리마운트대학교의 교수들이 흥미로운 실험을 진행했습니다. 참가자들에게 종이비행기를 설계하고 날리는 과제를 주었으며, 한 그룹은 구글에 접속할 수 있었고 다른 그룹은 접속할 수 없었습니다. 구글을 사용한 그룹은 전 세계 종이비행기 애호가들의 도움을 받아 전반적으로 멀리 나는 비행기를 만들었습니다. 한편 인터넷을 사용하지 않은 그룹은 많은 시행착오를 겪으며 가장 혁신적인 디자인을 개발했고, 구글 그룹보다 더 멀리 나는 비행기를 두 대나 완성했습니다.

우리들 대부분은 아침에 눈을 뜨자마자 스마트폰을 확인하고, 잠들기 직전까지 손에서 놓지 않습니다. 스마트폰의 콘텐츠는 사용자가 끊임없이 몰입하도록 설계되어 있어, 잠깐 머리를 식힐 겸 유튜브 영상을 보기 시작했다가 몇 시간이 훌쩍 지나가기 일쑤입니다. 무한 스크롤, 자동 재생, 추천 알고리즘은 "이것도 봐! 네가 정말 좋아할 거야!"라고 속삭이며 우리를 끊임없이 자극해 멈추기가 쉽지 않습니다. 심지어 샤워 중이거나 변기에 앉아서도 스마트폰을 확인합니다. 그래서 휴대폰을 사용할 수 없게 되면 금단 증상처럼 불안해집니다. 특히 코로나19 팬데믹 동안 많은 사람들이 인터넷 외에 할 일이 없어진 상황에서 병적인 수준의 인터넷 중독이 폭발적으로 증가했습니다.

우리가 스마트폰으로 새로운 메시지를 확인하거나 소셜미디어에서 '좋아요'를 받거나 흥미로운 정보를 접할 때마다 뇌에서는 도파민이라는 신경전달물질이 분비됩니다. 도파민은 순간적인 쾌감을 선사해 같은 행동을 반복하고 싶게 만듭니다. 작은 보상이 쌓일수록 스마트폰을 확인하는 습관은 강화되고 점점 더 의존하게 됩니다. 이 과정은 매우 무의식적으로 진행되기 때문에 대부분의 사람은 자신이 얼마나 중독되었는지 잘 알아차리지 못합니다.

스마트폰 중독은 단순히 생산성을 떨어뜨리는 데 그치지 않고, 우리의 정신 건강에도 심각한 영향을 미칩니다. 스마트폰을 사용하면 어른이든 어린아이든 마음이 점점 조급해집니다. 짧은 동영상이나 빠른 문자 답장으로 즉각적인 소통에 익숙해지면서 점점 참을성이 줄어들고 있습니다. 예를 들어, 문자를 보냈는데 바로 답장이 오지 않는다고 짜증을 내거나 화를 내는 일도 있습니다. 이러한 상황이 반복되면서 감정을 조절하는 능력이 약해지고, 분노나 불안 같은 감정을 다루기 어려워하는 사람들이 점점 늘어나고 있습니다.

스마트폰에 대한 과의존은 타인과 소통하는 방식을 완전히 바꾸어 놓았습니다. 가족이나 친구들이 한자리에 모여 있어도 각자 휴대폰을 들여다보느라 대화가 깊어지지 못합니다. 부부가 함께 침대에 누워 있어도 각자 스마트폰을 들여다보다가 잠드는 일이 흔해졌습니다. 그러다 보니 오늘 하루를 어떻게 보냈는지, 어떤 생각을 하고 있는지 서로의 마음을 나누고 공감할 기회가 점점 줄어들고 있습니다.

또한 많은 십 대들은 친한 친구와 직접 얼굴을 맞대고 대화하는 것보다 스마트폰으로 소통하는 것이 더 편하다고 느낍니다. 이러한 경향은 대면 소통을 어색하게 만들고 때로는 스트레스로 이어지기도 합니다. 그 결과 다른 사람과 감정적으로 공감하고 연결하는 능력이 약해지고 있습니다.

자신과 멀어지는 우리

스마트폰 과의존으로 인한 여러 문제 중 가장 우려스러운 점은 자신과의 연결이 점점 약해지고 있다는 것입니다. 스마트폰에 연결된 시간이 늘어날수록 내면에 집중할 시간은 줄어듭니다. 알림, 이메일, 뉴스, 소셜미디어에 끊임없이 주의를 빼앗기면서 우리는 자기 내면의 목소리보다 외부 정보에 더욱 익숙해지고 있습니다. 하루 종일 일하고 집에 돌아와서도 쉬기 위해 스마트폰을 들여다보면서 자신을 돌아볼 시간과 내면과 연결할 에너지가 점점 소진되고 있습니다.

진정한 행복과 충만함은 자기 자신과 연결될 때 찾아옵니다. 자기를 돌아보지 않으면 자신의 감정과 느낌, 진정으로 원하는 바를 온전히 이해하기 어렵습니다. 늘 외부의 자극에 몰입하다 보면 '내가 누구이며, 나에게 정말 중요한 것이 무엇인지' 잊게 마련입니다. 남는 시간을 모두 스마트폰에 빼앗기면 자신을 돌아볼 여유조차 사라집니다. 그 대신 짧고 자극적인 콘텐츠가 마음을 사로잡아 자신과는 더욱 단절된 채로 지내게 됩니다.

또한 우리는 스마트폰을 통해 끊임없이 타인과 자신을 비교합니다. 다른 사람의 멋진 집이나 완벽한 몸매, 화려한 휴가 사진을 보면 자신의 삶이 초라하게 느껴지고 가치 없다고 여겨질 때가 많습니다. 이런 콘텐츠들이 의도적으로 편집되어 실제와 다르다는 것을 알면서도, 자기를 과소평가하고 열등감을 느끼며 자신의 가치를 의심합니다.

이러한 비교의 악순환은 자신을 바라보는 방식까지 변화시킵니다. 자신의 목표와 가치를 기준으로 살아가기보다는 타인의 인정을 통해 자신을 평가하는 것입니다. 결과적으로 우리는 내면의 참된 가치를 잃어가며 소셜미디어 속 이상화된 이미지를 기준으로 자신의 가치를 측정하게 됩니다.

미국 뉴욕대학교의 조너선 하이트[Jonathan Haidt] 교수는 저서 《불안 세대》에서 1996년 이후에 태어난 Z세대가 심각한 정신 건강 위기에 직면해 있다고 지적합니다. 그가 제시한 통계는 충격적입니다. 2010년부터 2020년 사이에 미국 Z세대 소녀들의 자해율은 거의 3배, 자살률은 약 2.5배나 증가했습니다. 하이트 교수는 이 데이터를 "2010년대 초반에 우리 청소년들에게 도대체 무슨 일이 있었던 걸까?"라고 묻습니다.

그의 분석에 따르면, 2010년대 초반은 스마트폰과 소셜미디어가 본격적으로 대중화되면서 '놀이 중심의 아동기'가 '스마트폰 중심의 아동기'로 바뀐 시기입니다. 스마트폰 이전에는 아이들이 밖에서 뛰어놀며 갈등을 해결하는 법, 타인의 감정에 공감하는 법, 자신의 감정을 조절하는 법을 자연스럽게 배울 수 있었습니다. 하지만 스마트폰과 소셜미디어가 아이들의 삶을 지배하게 되면서 대면 상호작용은 급격히 줄어들었고, 자유롭게 뛰어놀 시간도 크게 줄었습니다. 게다가 부모의 과잉보호가 더해지면서 아이들이 위험을 감수하고 도전하며 회복력을 키울 기회를 빼앗겼습니다. 그 결과 Z세대는 사회적 단절, 수면 부족, 집중력 저하, 스마트폰 중독 등 다양한 문제를 겪고 있습니다.

몇 년 전 페이스북 내부 문건이 유출되면서, 인스타그램이 십 대 청소년들의 불안과 우울증을 심화시킨다는 사실이 드러났습니다. 특히, 영국의 십 대 사용자 중 13%, 미국의 십 대 사용자 중 6%는 인스타그램을 사용하다 자살 충동을 느낀 적이 있다고 응답했습니다. 우리나라도 사고나 질병보다 자살로 사망하는 십 대 청소년 수가 더 많을 정도로 문제가 심각합니다.

아이들이 자기혐오와 자살 충동으로 고통받는 모습을 보는 것은 너무나 가슴 아픈 일입니다. 나도 그 기분이 어떤지 잘 압니다. 학창 시절에 나 자신이 세상에 필요 없는 존재처럼 느껴져 힘든 시간을 보냈습니다. 동네 다리 밑에 쌓인 쓰레기를 보며 나 자신도 그 쓰레기처럼 하찮고 쓸모없는 존재라고 느꼈던 기억이 납니다. 그러나 내가 무가치한 존재가 아니며, 다른 사람들을 도울 수 있고 세상에 긍정적인 변화를 불러올 수 있다는 것을 깨닫고 나서 내 삶이 서서히 바뀌기 시작했습니다.

지난 45년 동안 많은 사람들의 자기 성장을 도우면서 한 가지 확신하게 된 것이 있습니다. 행복하고 성공한 삶을 위해 가장 중요한 것은 자신의 가치를 깨닫고 자신을 존중하는 것입니다. 그러기 위해서는 자신의 내면과 깊이 연결되어야 합니다. 하지만 우리가 살아가는 디지털 세상은 점점 우리를 내면으로부터 멀어지게 하고, 행복과 성장을 위해 꼭 필요한 그 감각을 잃어가게 만듭니다.

마음 되찾기

디지털 기기는 이제 정보를 소비하는 데 필수 도구가 되었습니다. 덕분에 우리는 그 어느 때보다 빠르고 편리하게 콘텐츠에 접근할 수 있습니다. 하지만 이러한 정보들 가운데 우리가 의식적으로 선택하고 스스로 판단하여 반응하는 경우는 얼마나 될까요?

끊임없이 밀려드는 정보의 홍수 속에서 우리는 대부분의 정보를 무의식적으로 받아들입니다. 이러한 정보는 우리의 생각과 감정은 물론 행동 방식까지 바꾸어 놓습니다. 특히 같은 유형의 콘텐츠에 반복적으로 노출되면, 단순히 습관이 형성되는 것을 넘어 자신과 세상을 바라보는 시각에도 영향을 미칩니다. 예를 들어 범죄, 폭력, 갈등에 관한 정보를 계속 접하다 보면 '세상은 위험하다'라는 믿음이 자연스럽게 자리 잡게 됩니다. 이러한 믿음은 타인을 대하는 태도에도 영향을 미쳐, 열린 마음보다는 경계심이나 불신하는 쪽으로 기울게 만듭니다. 물론 낯선 사람이나 새로운 상황에서 어느 정도 신중함은 필요하겠지만, '이 사람이 나에게 해를 끼치지 않을까?'라는 생각이 습관화되어 모든 관계를 경계하게 된다면 어떨까요?

이러한 방어적인 사고방식은 우리를 더욱 경계하게 만들고, 건강하지 않은 방식으로 경쟁을 부추깁니다. '이렇게 위험한 세상에서 내가 강해져야만 살아남을 수 있다'라는 생각에 사로잡히면, 타인과 협력하기보다는 경쟁을 우선시하게 됩니다. 이런 사고방식이 지속되면 두려움과 불안이 지배적인 감정이 되어 희망이나 낙관, 기쁨을 느끼기가 점점 어려워집니다. 결국 우리는 걱정과 불신의 악순환에 갇히게 됩니다.

기술 발전에 힘입어 정보 전달 방식은 점점 더 자동화되고 정교해지고 있습니다. 스마트폰 속 인공지능 알고리즘은 우리의 관심사와 행동 패턴을 추적해 최대한 오랫동안 우리를 붙잡아

두도록 설계되어 있습니다. 처음에는 우리가 좋아할 만한 콘텐츠를 보여주는 유용한 도구처럼 느껴지지만 결국 우리는 알고리즘에 의존하게 됩니다. 문제는 알고리즘이 우리의 선택을 돕기보다는 우리 대신 선택하기 시작한다는 점입니다. 뇌는 마치 자동 모드로 전환된 듯 그저 스크롤하며 정보를 수동적으로 받아들이게 됩니다. 편리함을 얻는 대신 우리는 비판적으로 사고하고 스스로 결정하는 능력을 조금씩 놓아버리고 있습니다.

이를 가장 잘 보여주는 예가 내비게이션 앱입니다. 이 앱은 매우 편리하지만, 어느 순간부터 우리는 앱의 안내 없이 스스로 길을 찾기가 어려워졌습니다. 처음 가는 곳뿐만 아니라 익숙한 길조차 내비게이션 없이는 불안감을 느낄 때가 있습니다. 이처럼 습관적으로 기술에 의존하게 되면 문제를 스스로 해결하는 능력이 떨어지고, 나중에는 인공지능 없이 결정을 내리는 것조차 불안하게 느껴질 수 있습니다. 이는 개인의 습관 문제가 아닙니다. 인간의 두뇌가 지닌 놀라운 잠재력, 자유롭게 사고하고 창조하며 선택하는 능력을 위협하는 심각한 도전입니다.

스마트폰이나 첨단 기기를 사용하지 말자는 것이 아닙니다. 이 도구들은 이미 현대 생활의 필수품이 되었습니다. 없으면 불편한 정도가 아니라 일상이 마비될 정도입니다. 중요한 것은 기술을 거부하는 것이 아니라, 마음을 되찾고 스스로와 깊이 연결되어 잠재력을 끌어내는 삶의 습관을 기르는 것입니다.

앞으로 스마트폰과 인공지능은 더욱 발전하여 더 많은 일을 더 빠르고 효율적으로 처리할 수 있게 될 것입니다. 그러나 아무리 똑똑한 기계가 등장해도 각자의 행복을 찾거나 인간관계를 개선하는 일은 기계가 대신할 수 없습니다. 기후변화나 불평등 같은 전 세계적인 문제를 해결하는 일도 마찬가지입니다. 새로운 기술이나 더 나은 사회 시스템이 중요하지만 그것만으로는 인류가 당면한 문제를 근본적으로 해결할 수 없습니다.

결국 모든 것의 중심에는 마음이 있습니다. 우리의 마음이 선택을 이끌며 우리가 만들어낸 기술과 자원을 어디에 어떻게 사용할지를 결정합니다. 우리는 에너지를 고갈시키고 서로를 분열시키는 데 마음을 쓸 수도 있고, 반대로 에너지를 더 강하게 만들고 서로를 가깝게 연결하는 데 쓸 수도 있습니다. 그 방향을 결정하는 것은 우리들 각자의 마음이며 우리가 속한 커뮤니티의 집단적인 의지입니다. 마음에 어떤 콘텐츠가 채워져 있는지에 따라 모든 것이 달라집니다.

스마트폰과 외부의 편의에 의존할수록 자신과 단절될 위험은 커집니다. 그러나 우리 안에는 언제나 마음을 되찾을 힘이 있습니다. 그 첫 단계는 기술 자체가 아니라 우리를 진정한 나로부터 멀어지게 하는 습관과 문화에서 벗어나 삶의 주도권을 되찾겠다고 선택하는 것입니다.

TAKE BACK YOUR BRAIN

2장

브레인풀을

켜라

우리는 매일 문제를 해결하고 결정을 내리며 인생의 난관을 헤쳐 나가기 위해 뇌를 사용합니다. 하지만 뇌의 놀라운 능력을 당연하게 여길 때가 많습니다. 우리의 뇌는 단순한 도구가 아닙니다. 배우고 적응하고 창조하며 우리의 삶과 세상을 변화시키는 기적 그 자체입니다.

전기, 비행기, 스마트폰처럼 한때 상상조차 할 수 없었던 기술 혁신은 우연의 산물이 아닙니다. 인간의 뇌가 창의적으로 사고하고 문제를 해결하며 도전에 맞서 끈기 있게 노력한 결과입니다. 평등한 기회 증진이나 환경 보호와 같은 사회적 변화 역시 뇌 덕분에 가능했습니다. 뇌는 진보를 이끄는 강력한 힘이자, 기적을 만들어내는 원동력입니다.

이 놀라운 힘은 특정인만의 전유물이 아닙니다. 새로운 것을 배울 때, 난관을 극복할 때, 도전에 적응할 때마다 우리 뇌는 새로운 연결을 형성하며 성장합니다. 과학자들은 이러한 특성을 '뇌 가소성'이라 부릅니다. 덕분에 우리는 평생에 걸쳐 자기를 계발하고 변화하며 성장할 수 있습니다. 새로운 요리를 배우거나 힘든 상황을 이겨내거나 소중한 사람과의 관계가 깊어지는 순간마다 뇌는 끊임없이 진화합니다.

이 모든 것은 뇌와 마음의 상호작용에서 비롯됩니다. 우리의 의식을 형성하고 있는 마음은 관찰하고 성찰하며 선택하는 역할을 합니다. 마음이 있기 때문에 우리는 외부 자극에 단순히 반응하는 것에 그치지 않고, 그 자극을 어떻게 받아들이고 어떤 의미를 부여할지 스스로 선택할 수 있습니다. 이런 성찰과 적응 능력이 뇌를 단순한 정보 저장소를 넘어 진정한 기적을 만들어내는 도구로 만들었습니다.

하지만 오늘날처럼 변화의 속도가 빠르고 자극이 넘치는 세상에서는 이 능력을 잃기 쉽습니다. 외부의 요구에 끌려다니며 반응하는 데 많은 시간을 쓰다 보면 내면에 집중할 여유가 없습니다. 우리의 뇌를 되찾고 잠재력을 깨우기 위해서는 외부로 쏠린 관심과 에너지를 의식적으로 자기 내면을 향하게 해야 합니다.

브레인폰은 뇌의 확장 모드

나는 개인의 삶과 지구의 미래를 더 나은 방향으로 발전시킬 힘이 인간의 마음에 있다고 굳게 믿어왔습니다. 이 신념은 평생 마음을 탐구하고 그 힘을 깨우는 방법을 연구하며 교육하는 길로 이끌었습니다. 그 과정에서 마음의 물리적 기반인 뇌에 깊이 매료되어, 뇌의 능력을 효과적으로 활용하는 방법을 찾기 위해 꾸준히 노력해 왔습니다.

뇌를 활용한다는 것은 단지 정보를 저장하거나 지식을 축적하는 것을 넘어 마음을 깨우고 그 힘으로 현실을 변화시키는 것을 의미합니다. 뇌와 마음이 어떻게 협력하는지를 이해하면 우리의 능력으로 현실을 바꿀 수 있음을 알게 됩니다. 이 관계를 설명하기 위해 나는 스마트폰을 자주 예로 듭니다. 우리는 스마트폰의 놀라운 기능에 감탄하며 그 기능을 익히는 데 많은 시간을 씁니다. 또 정보를 얻거나 다른 사람과 소통하기 위해 스마트폰에 의존합니다. 하지만 자기 뇌를 이해하고 개발하는 데는 얼마나 관심을 기울이고 있을까요? 만약 스마트폰에 쏟는 시간과 에너지의 극히 일부라도 뇌와 마음에 투자한다면 우리 삶에는 놀라운 변화가 일어날 것입니다.

이런 일련의 생각 끝에 '브레인폰BrainPhone'이라는 개념을 떠올리게 되었습니다. 브레인폰은 우리 뇌에 자연적으로 내장된 시스템으로, 우리를 무한한 가능성과 잠재력에 연결해 줍니다. 스마트폰이 외부 세계와 이어주는 도구라면, 브레인폰은 우리의 직관, 창의성, 통찰력 같은 내면의 자원과 우리를 연결해 줍니다. 그러나 스마트폰과 달리 브레인폰은 외부에 존재하는 인공적인 장치가 아니라 우리가 태어날 때부터 지닌 본연의 시스템입니다. 브레인폰은 우리가 의식하든 의식하지 않든 이미 작동 중이며 삶에 영향을 미치고 있습니다. 그러나 이 시스템의 존재를 인식하고 의식적으로 활용할 때 그 잠재력을 온전히 발휘할 수 있습니다. 나는 이 상태를 '브레인폰을 켠다'라고 표현합니다. 브레인폰을 켠다는 말은 외부로 향한 의식을 거두고 내면에 집중하며 뇌를 의식적으로 작동시키는 것을 의미합니다. 이것이야말로 우리의 뇌를 되찾고 본래의 능력을 회복하는 첫걸음입니다.

대부분의 시간 동안 우리의 뇌는 '기본 모드'에서 작동합니다. 기본 모드는 일상적인 일을 처리하고 주변 환경에 자동으로 반응하게 돕지만, 더 큰 그림을 보거나 깊은 통찰을 얻는 데는 한계가 있습니다. 브레인폰을 켜면 우리는 무의식적인 자동 모드에서 벗어나 의식적이고 주도적인 상태로 전환됩니다. 이는 '뇌의 주인으로서 뇌를 의도대로 사용하겠다. 뇌를 활용해 더 나은 삶을 만들어가겠다'라는 강력한 메시지를 뇌에 전달하는 행위입니다. 잃어버린 우리의 뇌를 되찾아 다시 삶의 중심에 세우는 것입니다.

브레인폰이 활성화되면 뇌는 기본 모드에서 '확장 모드'로 전환됩니다. 마치 손전등이 서치라이트로 업그레이드되는 것처럼 더 넓고 선명하게 세상을 바라보고, 새로운 가능성을 발견하며, 의미 있는 선택을 할 수 있게 됩니다. 확장 모드는 단순한 명료함을 넘어서 뇌가 창의적으로 사고하고, 복잡한 문제를 해결하며, 더 큰 목적의식을 갖도록 돕습니다. 그 결과 우리의 뇌는 수동적으로 상황에 반응하는 데 그치지 않고, 의식적으로 삶을 설계하는 도구로 자리매김해 가치 있는 행동과 선택을 이끕니다.

나는 이 확장 모드를 '영성 모드'라고도 부릅니다. 우리가 알고 있는 자신보다 더 크고 지혜로운 어떤 힘과 연결되는 상태이기 때문입니다. 이 상태에서는 외부의 소음을 차단하고, 내면의 지혜와 보편적인 진리를 발견하며, 더 깊은 삶의 목적과 조화를 이루게 됩니다. 이를 통해 우리는 진정성 있고 목적 있는 삶을 꾸려나갈 힘을 얻게 됩니다.

브레인폰을 켜고 영성 모드에 들어감으로써 우리는 더 명료하고 균형 잡힌 삶, 더 충만한 인생을 창조할 수 있습니다. 진정한 자신을 발견하고 자신이 가장 소중하게 여기는 가치를 따라 살아갈 힘을 얻게 됩니다. 삶의 어려움을 담담하게 헤쳐 나가며 마음 깊이 품은 열망과 목표를 실현할 수 있습니다.

스마트폰 vs 브레인폰

스마트폰이 소통의 창구가 되어 우리를 정보의 네트워크에 연결해 주는 것처럼, 브레인폰은 보이지 않는 내면의 지혜와 창조적인 에너지 네트워크에 연결해 줍니다. 둘 다 연결을 위한 도구이지만 스마트폰은 외부 세계와 연결되도록, 브레인폰은 자기 자신과 깊이 연결되도록 돕습니다. 내면과 연결될 때 우리는 자기 생각과 감정을 더 명확히 이해하고, 명료함과 집중력을 얻어 하루하루를 더 의미 있게 보낼 수 있습니다.

스마트폰에 사진을 찍거나 길을 찾거나 건강 지표를 추적하는 앱이 있듯이, 브레인폰에도 마음의 잠재력을 끌어내는 앱이 존재합니다. 예를 들어, 상상력 앱은 현실의 한계를 넘어 끝없는 가능성을 탐구하도록 돕습니다. 직관 앱은 논리만으로는 도달하기 어려운 해결책을 발견하게 합니다. 창조성 앱은 우리의 삶과 세상을 바꿀 아이디어를 만들어냅니다. 브레인폰을 활성화하면 이런 앱들을 잘 활용해 타고난 강점을 끌어낼 수 있습니다.

브레인폰을 활성화하는 것은 스마트폰의 앱을 여는 것만큼 쉽습니다. 화면을 터치하는 대신 자기 내면에 집중하면 됩니다. 스트레스를 느낄 때는 잠시 멈추고 깊게 호흡해 보세요. 스트레스의 원인보다는 자신의 내면에 주의를 기울여 보세요. '다음에는 어떤 식으로 다르게 반응할 수 있을까?'라고 스스로에게 질문하며 떠오르는 답을 곰곰이 성찰해 보세요. 이것이 바로 브레인폰을 켜는 것입니다.

스마트폰과 브레인폰의 가장 큰 차이는 연결 대상에 있습니다. 스마트폰은 외부 정보를 제공하지만, 브레인폰은 내면의 명료함, 회복력, 지혜에 닿게 해줍니다. 브레인폰은 언제 어디서나 사용할 수 있으며 전원이나 인터넷 없이도 집중과 의도만으로 작동합니다.

스마트폰이 편리하긴 하지만 과도하게 사용하면 중독의 위험이 있고, 스트레스를 유발하며, 자신과의 단절을 초래할 수 있습니다. 반면에 브레인폰은 사용할수록 내면과 더 깊이 연결됩니다. 스마트폰을 잠시 내려놓고 브레인폰을 켜보세요. 내면의 힘을 다시 발견하고, 자신이 원하는 삶을 스스로 창조할 수 있다는 자신감을 얻게 될 것입니다.

브레인폰이 주는 선물

브레인폰을 켜서 뇌를 되찾을 때 우리에게 놀라운 선물이 따라옵니다. 그중에서도 가장 값진 선물은 '자기 발견'입니다. 사회가 정한 역할이나 남이 붙여준 꼬리표를 넘어 진정한 자기 자신과 연결되는 경험을 하는 것입니다. 브레인폰은 '나는 누구인가?', '내가 진정으로 원하는 것은 무엇인가?', '세상에서 나의 역할은 무엇인가?'와 같은 근본적인 질문에 스스로 답을 찾도록 도와줍니다. 자신을 깊이 이해할수록 자기 신뢰가 커져 내면의 감각을 따라 자신 있게 결정을 내릴 수 있습니다.

두 번째로 '문제 해결 능력'이 월등하게 향상됩니다. 브레인폰이 켜지면 직관과 통찰력이 강화되어 문제의 핵심을 빠르게 파악하고 의미 있는 해결책을 찾을 수 있습니다. 직관은 과도한 고민이나 불필요한 세부 사항에 얽매이지 않고 문제의 본질을 빠르게 파악하게 합니다. 통찰력은 더 넓은 시각을 제공하여 문제의 근본 원인을 찾아내게 합니다. 이 두 가지가 함께 작용하면 기존에는 생각하기 어려웠던 명확하고 실용적인 해결책을 찾을 수 있습니다.

　세 번째로 브레인폰은 창조성을 최고 수준으로 끌어올려 줍니다. 단순히 새로운 아이디어를 떠올리는 것을 넘어 그 아이디어를 행동으로 옮길 수는 힘을 길러줍니다. 무한한 상상력과 창조적 에너지를 활용하여 이미 알고 있는 정보나 경험치를 뛰어넘고, 새로운 가능성을 발견하며, 그 가능성을 실현할 용기와 추진력을 갖도록 도와줍니다.

　마지막으로 브레인폰은 공감 능력을 키워줍니다. 자기 생각과 감정을 깊이 이해하면 자연스럽게 타인의 마음이나 관점에도 더 주의를 기울이게 됩니다. 공감 능력이 높아지면 대인관계는 더 깊어지고 갈등은 줄어들며 소통이 원활해져, 더 따뜻하고 충만한 삶의 기반이 마련됩니다.

브레인폰이 켜지는 순간

우리는 일상에서 이미 브레인폰의 기능을 활용하며 그 효과를 경험하고 있습니다. 예를 들어, 어떤 문제로 오랫동안 고민하다가 갑자기 해결책이 떠올랐던 순간이 있을 것입니다. 흔히 영감이 떠올랐다거나 번뜩였다고 표현하는 바로 그 순간, 브레인폰이 활성화되어 내면의 지혜와 연결된 결과라고 할 수 있습니다.

샤워를 하거나 길을 걷는 중, 혹은 누군가와의 대화를 떠올리는 순간에도 이러한 경험은 찾아올 수 있습니다. 모두 브레인폰이 작동한 증거라 할 수 있습니다.

　과학과 혁신의 역사 속에서도 브레인폰의 작용은 명확히 드러납니다. 뉴턴은 사과가 떨어지는 것을 보고 중력의 법칙을 깨달았고, 아인슈타인은 상대성 이론을 정립할 때 직관이 결정적인 역할을 했습니다. 화학자 멘델레예프는 꿈에서 영감을 얻어 그 유명한 주기율표를 만들었다고 전해집니다. 이러한 순간들은 단순한 우연이 아닙니다. 뇌에 질문을 던지고 깊이 몰입함으로써 내면의 자원과 연결되어 논리와 분석을 넘어선 직관적 통찰을 얻은 사례들입니다. 즉, 브레인폰을 켤 때 우리 안에 잠들어 있던 지혜와 무한한 창조력이 깨어난다는 것을 보여줍니다.

　내 개인적인 삶에서도 중요한 순간마다 브레인폰이 길을 안내해 주었습니다. 현재 전 세계에 내가 개발한 뇌 훈련법을 가르치는 센터가 수백 곳 운영되고 있지만, 그 시작은 아주 단순했습니다. 어느 날 아침 내가 경험한 것을 다른 사람들과 나눠야겠다는 강한 내면의 충동이 일었고, 그 마음을 따라 동네 공원으로 나갔던 그 한 걸음이 시작이었습니다.

　미국에서 한국의 전통 명상법을 알릴 방법을 고민하던 시기에도 브레인폰의 도움을 받았습니다. 현지 문화와 사람들을 더 깊이 이해하고 싶었던 나는 내면의 목소리를 따라 동부에서 서부까지 미국 전역을 여행하게 되었고, 그 끝에서 애리조나주 세

도나에 뿌리를 내리게 되었습니다. 그곳에서 붉은 바위들에 둘러싸인 신비롭고 아름다운 땅을 발견했습니다. 하지만 그곳은 현지인조차 제대로 운영하지 못해 방치된 리트릿 센터였습니다. 주변 사람들은 하나같이 위험 부담이 크다며 만류했지만, 나는 벨락 바위산에서 명상 중에 받은 영감을 따라 그곳을 인수하기로 결심했습니다. 현재 이 리트릿 센터는 치유와 영성 개발의 공간으로 자리 잡아 많은 사람들에게 사랑받고 있습니다.

내면의 소리에 귀 기울이고 그것을 행동으로 옮기며 살아오다 보니, 이제는 뇌와 영혼이 보내는 신호를 자연스럽게 알아차리게 되었습니다. 내면의 느낌을 따라 행동할 때마다 새로운 사람과 장소를 만나고, 그 만남은 또 다른 인연과 기회로 이어지며 내 삶의 새로운 장을 열어주었습니다. 브레인폰을 켜고 내면의 목소리에 귀 기울여 행동으로 옮길 때, 뇌는 삶에 긍정적인 변화를 일으키고 놀라운 가능성을 열어줍니다.

지식을 넘어 충만함으로

브레인폰이 특별한 이유는 우리가 축적해 온 외부의 지식과는 다른 차원의 정보에 우리를 연결해 주기 때문입니다. 일반적인 지식은 경험, 책, 인터넷, 강의 등을 통해 얻지만, 브레인폰을 통해 얻는 지혜는 원래부터 우리 안에 존재하던 것입니다. 브레인폰이 활성화될 때 우리는 새로운 것을 만들어내는 것이 아니라 내면에 이미 존재하던 답을 발견하고 꺼내는 것입니다. 더 많이 배우는 것이 아니라 우리의 뇌를 되찾아 내면의 지혜를 회복하는 것입니다.

지금까지는 뇌를 주로 지식을 축적하고 분석하는 데 사용해 왔습니다. 하지만 인공지능의 발전으로 정보 수집, 정리, 분석 능력에서는 인공지능이 이미 인간을 앞질렀습니다. 전문가들은 머지않아 범용 인공지능(AGI)이 현실화할 가능성이 높다고 믿고 있습니다. 범용 인공지능은 특정 작업에 국한하지 않고 여러 분야에서 인간을 능가할 만큼 뛰어난 적응력을 보여줄 것입니다. 예를 들어, 이세돌을 꺾은 알파고는 바둑에서는 탁월하지만 다른 영역에서는 전혀 쓸모가 없습니다. 반면 범용 인공지능은 다양한 분야를 자유롭게 넘나들며 복잡하고 유연한 작업을 수행할 능력을 갖출 것으로 기대됩니다.

일부 전문가들은 범용 인공지능이 기하급수적인 속도로 학습하면서 '지능 폭발'에 이를 수 있다고 경고합니다. 이 경우 인공지능은 단순히 인간을 능가하는 수준을 넘어 통제 불가능한 상태에 이를 수도 있습니다. 이 때문에 '인공지능의 대부'로 불리는 제프리 힌튼Geoffrey Hinton 교수조차 범용 인공지능이 핵무기보다 더 위험할 수 있다고 말한 바 있습니다.

인공지능이 거의 모든 분야에서 인간을 능가하는 시대가 되면 인간의 뇌는 어떤 가치를 지니게 될까요? 우리의 진정한 가치는 어디에 있는지 근본적인 질문을 던지지 않을 수 없습니다.

인간의 진정한 가치는 단순한 지식의 축적에 머물지 않습니다. 우리의 마음, 그 마음이 끌어내는 지혜야말로 우리가 가진 가치의 핵심입니다. 수많은 정보 속에서 무엇이 중요한지, 어떻게 행동해야 하는지에 대한 통찰은 단순한 지식이 아닌 내면의 지혜에서 비롯됩니다. 지혜는 단순히 많은 정보를 갖는 것이 아니라 그 정보를 어떻게 해석하고 삶에 적용할 것인가에 대한 깊은 이해와 통찰을 의미합니다. 지혜 없는 지식은 현실과 단절되어 우리를 충만하고 목적 있는 삶으로 이끌 수 없습니다.

브레인폰은 뇌를 단지 지식 저장소가 아닌, 내면의 깊은 지혜와 영적 본질을 드러내는 도구로 바꿔줍니다. 이를 통해 우리는 뇌의 진정한 잠재력을 발견하고 내면의 창조적 에너지를 자유롭게 발휘할 수 있습니다. 지식은 AI에 의해 대체될 수 있지만, 우리 내면의 영적 본질과 지혜는 AI가 대신할 수 없는 영역입니다. 인간의 진정한 가치는 정보나 물질적인 성취에 있는 것이 아니라, 마음이 가진 영적 본질과 힘을 깨닫고 그것을 실현하는 데 있습니다. 브레인폰의 진정한 목적은 바로 이 내면의 힘을 회복하는 것입니다.

스마트폰은 성능 향상을 위해 주기적인 업데이트가 필요하지만, 브레인폰은 그럴 필요가 없습니다. 브레인폰은 이미 완전한 상태로 우리에게 주어진 선물이기 때문입니다. 외부의 도움 없이도 스스로 창조적인 해결책과 지혜를 끌어낼 수 있다는 점에서 인위적으로 만들어진 시스템과 본질적으로 다릅니다. 인위적으로 만들어진 모든 것은 아무리 정교하고 완벽해 보여도 진정한 완전함을 갖추지 못하지만, 생명은 그 자체로 완전합니다.

나무가 스스로 자라고 꽃이 스스로 피어나듯이 우리 내면에도 자연의 완전함, 자율성, 무한한 창조성이 내재해 있습니다. 브레인폰이 활성화될 때 내면의 완전함이 깨어나고, 자율성과 창조성이 발현되며, 그 힘으로 우리가 원하는 삶과 세상을 만들어갈 수 있습니다. 브레인폰은 이미 완전한 형태로 우리 안에 존재하며 언제든지 작동할 준비가 되어 있습니다. 우리가 할 일은 그 잠재력을 인식하고 브레인폰을 켜는 것입니다. 뇌를 되찾아 그 빛을 자신의 삶과 세상에 환히 비추는 것입니다.

3장

인생은

브레인 스포츠다

우리의 일상은 때로 지루하고 반복되는 평범한 일들로 가득 차 있습니다. 하지만 이런 익숙한 순간들이 우리의 마음을 되찾는 열쇠가 될 수 있다면 어떨까요? 단순하면서도 의도적인 행동이 우리를 다시 자신과 연결하고, 목표로 나아가게 하며, 잠재력을 깨우는 힘을 가질 수 있다면 어떨까요?

브레인폰을 활성화하면 평범해 보이는 순간조차도 우리의 잠재력을 확장할 강력한 기회로 바꿀 수 있습니다. 브레인폰은 내면의 지혜와 잠재력에 우리를 연결하고 더 의식적인 삶으로 나아가도록 안내하는 자연스러운 시스템입니다.

우리가 하는 모든 일은 뇌에서 시작됩니다. 뇌는 우리의 생각, 행동, 경험을 이끄는 중심입니다. 이러한 이유로 나는 오랫동안 뇌의 중요성을 알리고 '뇌교육'이라는 새로운 분야를 개척해 왔습니다. 뇌교육은 인간의 뇌가 지닌 잠재력을 최대한 활용할 수 있도록 돕는 심신 훈련법입니다. 이제는 박사 과정에서도 연구하는 학문이 되었지만, 나는 뇌교육이 단지 수련법이나 학문에 머물러서는 안 된다고 생각합니다. 나의 목표는 누구나 일상에서 쉽게 활용할 수 있도록 뇌교육을 생활화하는 것이었습니다.

이러한 배경 속에서 브레인 스포츠를 제안합니다. 브레인 스포츠는 뇌를 활성화하고 더 깨어 있는 삶을 살기 위한 뇌 중심 생활 기술입니다. 뇌를 적극적으로 활용하면 일상의 모든 활동이 성장과 자기 발견의 기회로 바뀔 수 있습니다. 평범한 활동도 의식적으로 집중하면 몸과 마음의 건강을 증진하고, 창의성과 정서적 회복력을 키우는 데 도움이 됩니다. 일상의 모든 순간은 브레인 스포츠를 통해 잠재력을 일깨우는 훈련의 기회가 될 수 있습니다.

브레인 스포츠는 뇌를 중심으로 삶의 모든 영역을 통합하는 활동입니다. '브레인'은 우리의 활동 중심에 뇌가 있음을 상기시키고, '스포츠'는 긍정적이고 성장 지향적인 삶의 태도를 의미합니다. 전통적인 스포츠가 꾸준한 훈련을 통해 신체의 힘과 회복력을 기르듯 브레인 스포츠는 능력을 개발하고 도전을 극복하며 삶의 질을 높이는 데 도움을 줍니다.

그러나 전통적인 스포츠가 신체적 경쟁에 초점을 맞춘다면 브레인 스포츠는 훨씬 폭넓은 활동을 포함합니다. 근력 운동이나 스트레칭 같은 신체적 활동뿐만 아니라 명상이나 문제 해결 같은 정신 활동, 그림 그리기나 음악 연주 같은 창조적 활동도 모두 브레인 스포츠가 될 수 있습니다. 브레인 스포츠는 뇌를 활성화하여 집중력, 창의력, 자각력을 키우고 더 의식적으로 살아가도록 돕습니다.

브레인 스포츠의 가장 큰 매력은 일상의 루틴을 흥미로운 도전으로 바꾸고, 이를 통해 성장과 변화를 이끈다는 점입니다. 중요한 것은 스스로 목표와 규칙을 정하고, 모든 활동을 자기 계발과 성장을 위한 의미 있는 경험으로 만드는 것입니다. 이 과정에서 브레인폰을 활성화하면 집중력이 높아지고, 호기심과 창조성이 자연스럽게 되살아나며, 내면의 평온함과 명료함도 함께 얻을 수 있습니다.

스포츠 정신 회복하기

스포츠는 단순한 게임이 아닙니다. 역사적으로 스포츠는 사회적 유대감을 형성하고, 인성을 기르며, 공동체를 강화하는 중요한 역할을 해왔습니다. 동서양 모두에서 스포츠는 몸과 마음의 균형을 이루고, 덕성을 기르며, 때로는 신성한 문화적 활동으로 자리 잡았습니다.

고대 그리스 올림픽이 그 대표적인 예입니다. 올림픽은 단순히 신체적 기량을 겨루는 대회가 아니라 통합과 평화를 상징하는 축제였습니다. 전쟁을 멈추고 도시국가들이 한자리에 모여 존중, 겸손, 용기와 같은 가치를 나누었습니다. 그리스인들에게 스포츠는 신체적 강인함뿐만 아니라 지적 예리함과 도덕적 품성을 키우는 과정이었습니다. 개인의 성장은 공동체의 조화로 이어졌으며, 스포츠는 그 연결고리 역할을 했습니다.

동양에서도 스포츠는 균형과 공동체 정신을 중요하게 여겼습니다. 도(道)와 인(仁)의 정신을 바탕으로 자연과 조화를 이루고, 공감·책임감·자비심 같은 덕목을 기르는 데 초점을 맞췄습니다. 스포츠는 단순한 신체 단련이 아니라 개인의 내면을 성장시키고 공동체가 함께 발전하는 문화를 만드는 수단이었습니다.

그러나 오늘날 스포츠는 본래의 목적에서 점점 멀어지고 있습니다. 스포츠에 참여하는 사람들은 그 어느 때보다 많아졌지만, 현대 스포츠 산업은 승리와 경쟁, 스타 선수에 지나치게 집중하고 있습니다. 프로 리그와 유명 선수들은 스포트라이트를 받는 반면, 정작 스포츠가 가져야 할 연결과 성장의 가치는 희미해지고 있습니다. 많은 사람들이 스포츠를 즐기지만, 그것이 우리의 내면을 변화시키고 공동체를 하나로 모으는 힘이 되는 경우는 점점 줄어들고 있습니다.

브레인 스포츠는 스포츠 본래의 가치를 되살리는 노력이기도 합니다. 경쟁 중심의 스포츠가 아니라 몸과 마음을 조화롭게 가꾸며 자기 성장과 공동체 정신을 회복하는 데 초점을 맞춘 스포츠입니다. 기존의 스포츠가 기록과 승부에 집중한다면, 브레인 스포츠는 참여와 성장을 더 중요하게 생각합니다. 나이, 체력, 신체 능력과 관계없이 누구나 실천할 수 있으며 일상의 작은 활동 조차 브레인 스포츠가 될 수 있습니다. 몸과 마음을 함께 활용하는 모든 활동은 뇌를 자극하고, 집중력·창의력·감각을 깨우는 기회가 됩니다. 브레인 스포츠는 신체 활동에 머물던 스포츠를 삶을 변화시키는 성장의 도구로 바라보게 합니다.

수동적 반응에서 창조적 삶으로

브레인 스포츠는 뇌가 우리의 모든 경험을 처리하고 마음이 그 경험에 의미와 방향을 부여한다는 통찰에서 출발합니다. 걷거나 밥을 먹는 평범한 일상부터 자기를 돌아보고 더 나은 미래를 상상하는 활동까지, 뇌는 무대를 제공하고 마음은 어디에 집중하고 어떻게 반응할지를 결정합니다. 이 과정에서 우리의 삶이 만들어집니다.

그러나 바쁜 일상에서 마음의 역할이 종종 뒷전으로 밀려납니다. 이럴 때 뇌는 자동 반응 모드로 작동합니다. 예를 들어, 화를 주체하지 못해 짜증을 내거나, 불편한 감정을 피하려고 무의식적으로 소셜미디어를 끝없이 스크롤하거나, 스트레스를 풀기위해 과식하는 행동 등이 그러합니다. 이러한 자동 반응은 우리가 원하는 삶에서 멀어지게 하고 의식적으로 선택하고 행동하는 힘을 약화합니다.

브레인 스포츠는 마음과 뇌가 적극적으로 협력하도록 도와 이러한 악순환을 끊어줍니다. 거창한 변화가 필요한 것은 아닙니다. 작은 행동도 의식적으로 실천하면 큰 변화를 불러올 수 있습니다. 예를 들면, 스트레스를 성장의 기회로 받아들이거나, 기분 전환을 위해 감사하기를 실천하거나, 긴장을 풀기 위해 스트레칭을 하는 것도 효과적입니다. 이러한 작은 실천들이 브레인 스포츠를 일상에 자연스럽게 녹여내는 방법입니다. 이 같은 활동을 통해 마음과 뇌를 훈련하면 우리는 수동적인 반응에서 벗어나 삶을 능동적으로 창조하는 힘을 키울 수 있습니다.

마음과 뇌의 연결이 강화되면 삶의 어려움을 더 탄력적이고 자신 있게 헤쳐 나갈 수 있습니다. 더 이상 외부 환경에 휘둘리지 않고 스스로 선택하고 주도하는 삶을 만들어갈 수 있습니다. 이를 통해 우리는 일상의 모든 영역에서 더 큰 자유와 가능성을 누릴 수 있습니다.

일상을 브레인 스포츠로 바꾸기

스포츠는 단순한 신체 활동이 아니라 도전하고 성장하며 잠재력을 실현하는 과정입니다. 그렇기에 삶의 모든 활동이 스포츠가 될 수 있습니다. 우리는 매 순간 뇌와 몸, 마음을 활용해 인간관계를 넓히고, 문제를 해결하며, 새로운 기술을 배우면서 살아갑니다. 이러한 활동은 신체적 영역을 넘어 정신적·사회적·영적 차원에서도 이루어지며, 일상 곳곳에서 배우고 성장할 기회를 열어줍니다.

식사나 숨쉬기 같은 단순한 활동도 의식적으로 접근하면 성장의 기회가 될 수 있습니다. 브레인 스포츠를 통해 삶의 도전은 자신의 한계를 시험하고 능력을 확장하는 무대로 바뀝니다. 평범한 순간이든 특별한 순간이든, 모든 순간이 내면의 잠재력을 깨우고 발전시키는 과정이 될 수 있습니다.

신체 활동은 브레인 스포츠를 실천하는 가장 쉽고 강력한 방법 가운데 하나입니다. 달리기, 수영, 등산 같은 활동은 체력과 한계를 시험하며 강인함과 인내심을 길러줍니다. 짧은 산책이나 스트레칭 같은 가벼운 운동은 몸에 활력을 불어넣고 집중력을 높이는 데 도움을 줍니다. 이러한 활동은 몸을 건강하게 하고, 기분을 좋게 하며, 정신을 맑게 해줍니다.

정신적인 활동 역시 중요합니다. 복잡한 문제를 해결하거나, 생각을 자극하는 글을 읽거나, 새로운 아이디어를 떠올리는 활동은 뇌를 훈련해 적응력과 창의력을 키워줍니다. 이러한 정신적 활동을 지속하면 집중력이 향상되고, 어려움을 이겨내는 회복력이 길러지며, 더 깊은 사고를 통해 성장의 기회가 열립니다.

사회적 상호작용은 브레인 스포츠에 또 다른 가치를 더합니다. 의미 있는 대화를 나누고, 공감을 표현하며, 다른 사람과 협력하는 과정은 관계를 강화할 뿐만 아니라 감성지능과 사고의 유연성을 기르는 데 도움을 줍니다. 이러한 경험은 우리에게 연결이 얼마나 중요한지를 일깨워주며 공동체 안에서 함께 성장하는 즐거움을 느끼게 합니다.

명상이나 기도, 성찰과 같은 영적 활동은 자기 자신과 깊이 연결될 기회를 제공합니다. 이러한 활동을 통해 내면의 평화를 찾고 삶의 방향을 더욱 분명하게 정할 수 있습니다. 또한 자신이 추구하는 가치와 목표에 맞춰 행동을 조율하는 힘을 길러줍니다.

브레인 스포츠는 삶을 끊임없이 성장하는 과정으로 바라보게 합니다. 매일 몸을 움직이고, 창의적으로 사고하며, 사람들과 연결하고, 자신을 돌아보는 시간을 가져보세요. 브레인 스포츠를 일상에 결합하는 것만으로도 삶을 더 활기차고 의미 있게 만들 수 있습니다.

몸과 마음의 조화

오늘날 우리는 빠르게 변화하는 세상 속에서 삶을 여러 조각으로 나누어 살아갑니다. 일, 가족, 개인적인 목표를 따로 떼어놓고 생각하다 보면 이들이 서로 어떤 영향을 주고받으며 균형을 이루는지 쉽게 놓칠 수 있습니다. 심지어 몸과 마음을 분리한 채 정신적인 일에만 몰두하거나, 신체 활동을 소홀히 하여 몸을 돌보지 못하는 경우도 많습니다. 이러한 분리는 피로를 점점 누적시키고, 삶의 균형과 만족감을 무너뜨리는 원인이 됩니다.

브레인 스포츠는 몸과 마음, 정신을 하나로 통합하는 데 초점을 둡니다. 우리의 모든 신체적·정신적·영적 활동은 서로 연결되어 있으며 이를 깨어 있는 의식으로 실천할 때 생각·느낌·행동이 자연스럽게 조화를 이룹니다. 이런 통합적 관점은 삶의 모든 순간을 균형과 성장의 기회로 바꿔줍니다.

사실 우리는 몸과 마음이 따로 놀며 움직일 때가 많습니다. 예를 들어, 러닝머신 위에서 TV를 보거나 핸드폰을 스크롤하면서 달릴 때, 몸은 움직이고 있지만 마음은 온전히 참여하지 않습니다. 이런 습관은 운동의 효과를 반감시키고, 몸과 마음이 깊이 연결될 기회를 놓치게 만듭니다. 이를 해결하려면 신체 활동을 할 때 마음을 적극적으로 참여시키고, 움직임 하나하나를 의식적으로 바라보며 집중하는 것이 중요합니다.

다음번에 러닝머신을 사용하거나 공원에서 달릴 때는 몸에 온전히 주의를 기울여 보세요. 근육이 움직이는 감각, 관절이 부드럽게 회전하는 느낌, 호흡의 리듬을 세심하게 살펴보세요. 몸이 움직일 때 느껴지는 긴장과 이완을 섬세하게 인식하면, 몸과 마음의 연결이 한층 깊어집니다. 또한 상상력을 활용해 발이 지면을 디딜 때마다 에너지가 온몸을 활발히 순환하는 모습을 떠올려 보세요. 연구에 따르면 신체 활동 중에 뇌를 적극적으로 활용하면 운동 수행 능력이 향상되고, 집중력이 높아지며, 정신적 회복력도 강화된다고 합니다.

달리기뿐만 아니라 다른 모든 움직임도 의식적으로 수행하면 몸과 마음의 조화를 이루는 계기가 될 수 있습니다. 스쿼을

할 때 동작에 집중하면 움직임의 질이 향상되고, 주의를 기울이며 걸으면 창의력이 높아지며, 스트레칭을 의식적으로 하면 깊이 이완되어 신체 감각을 더욱 선명하게 인식할 수 있습니다. 심지어 계단을 오를 때도 조금만 더 신경을 쓰면 균형감각과 신경 연결이 강화되는 효과를 얻을 수 있습니다.

브레인 스포츠의 핵심은 몸과 마음, 그리고 삶의 모든 활동이 서로 연결되어 있다는 것을 깨닫는 데 있습니다. 삶에서 어떤 것도 독립적으로 존재하지 않으며, 우리가 하는 모든 행동은 신체적 건강, 정신적 명확성, 내면의 충만함과 긴밀하게 연결되어 있습니다. 일상의 작은 순간에도 몸과 마음을 조화롭게 활용하면 더 균형 잡히고 깨어 있는 삶을 살아갈 수 있습니다.

의미 있는 도전 선택하기

자연에서 물과 전기는 저항이 가장 적은 길을 따라 흐릅니다. 이를 '최소 저항의 원리'라고 하는데, 우리 역시 본능적으로 편안함과 편리함을 추구하는 경향이 있습니다. 하지만 늘 쉬운 길만 선택하면 정체에 빠지고 적응력이 약해질 수 있습니다.

기술의 발전으로 많은 문제가 자동으로 해결되면서 우리가 직접 참여하고 노력할 기회가 점점 줄어들고 있습니다. 이러한 도구들은 삶을 편리하게 만들지만 지나치게 의존하면 스스로 사고하고 행동하는 능력이 약해지고 잠재력도 제한될 수 있습니다.

진정한 성장은 최소한의 저항을 따르는 것이 아니라 의미 있는 도전을 통해 이루어집니다. 의미 있는 도전이란 우리 스스로 성장과 발전의 기회를 의식적으로 선택하는 것입니다. 이는 일부러 삶을 어렵게 만들려는 것이 아니라, 회복력과 창의성을 키우고 자기 자신을 더 깊이 이해하는 과정입니다. 이러한 도전은 우리를 더욱 단단하게 만들고, 숨겨진 잠재력을 깨워 더 강한 사람으로 성장하게 합니다.

의미 있는 도전은 다양한 형태로 나타날 수 있습니다. 새로운 운동을 시작하거나 마라톤을 훈련하는 신체적인 도전, 어려운 기술을 배우거나 복잡한 문제를 해결하는 정신적인 도전, 두려움을 마주하거나 어려운 대화를 나누는 감정적인 도전까지 여러 가지가 있습니다. 처음에는 이러한 도전들이 불편하고 어렵게 느껴질 수 있습니다. 하지만 그 과정을 통해 우리는 적응하고 배우며 자신의 한계를 넓힐 수 있습니다.

스포츠는 의미 있는 도전이 무엇인지 가장 잘 보여주는 대표적인 사례입니다. 운동선수들은 더 무거운 중량을 들거나 더 빠르게 달리며 자신의 한계를 끊임없이 뛰어넘으려 합니다. 이 과정에서 신체적, 정신적 강인함과 회복력이 길러집니다. 브레인 스포츠는 이러한 원리를 우리의 일상에 적용하는 것입니다. 삶에서 마주하는 도전을 성장의 기회로 바꾸고 우리의 일상을 발전의 무대로 만드는 것입니다.

성장은 연어가 상류를 향해 거센 물살을 거슬러 올라가듯, 편안한 길이 아니라 도전과 노력을 선택할 때 이루어집니다. 쉬운 길은 익숙하고 안전하게 느껴질 수 있지만 변화를 불러오지는 않습니다. 의미 있는 도전을 통해 우리는 자신의 숨겨진 강점을 발견하고, 내면을 단단하게 다듬으며, 새로운 가능성을 열 수 있습니다. 브레인 스포츠는 우리 삶 속에서 이러한 도전을 찾아내고, 더 강하고 창의적이며 회복력 있는 나로 성장할 수 있는 길을 열어줍니다.

삶의 무대에서는 모두가 스타

브레인 스포츠는 우리 각자가 삶의 주인공이 되어 자신만의 이야기를 스스로 만들어가도록 돕습니다. 우리는 누구나 성장 가능성을 지니고 있으며 그 가능성을 스스로 발견하고 키워갈 때 삶의 활력이 생깁니다. 마치 팬들이 자신이 좋아하는 선수들을 응원하듯 우리도 자신의 노력과 성취를 소중히 여기고, 스스로 격려하며 축하할 수 있어야 합니다.

브레인 스포츠는 누구에게나 열려 있습니다. 기존의 스포츠가 젊고 신체적으로 뛰어난 선두들에게 유리하게 운영되는 경우가 많다면, 브레인 스포츠는 나이나 신체 조건에 상관없이 누구나 즐길 수 있습니다. 삶 자체가 경기장이 되며, 다른 사람을 이기는 것이 아니라 매일 더 나은 나를 만들어가는 경기입니다.

새로운 것을 배우는 아이든, 회복력을 키우는 어른이든, 활력을 유지하고 싶은 노인이든 누구나 브레인 스포츠를 통해 잠재력을 발견하고 더 깨어 있는 삶을 살아갈 수 있습니다.

브레인 스포츠의 핵심은 작은 것이라도 꾸준히 실천하는 데 있습니다. 거창한 변화가 아니라 일상에서 자신을 성장시키는 작은 행동들이 쌓이며 삶에 의미와 만족이 더해집니다. 턱걸이를 한 개 더 해보거나, 미뤄둔 일을 마무리하거나, 누군가에게 따뜻한 말을 건네는 것 같은 일상의 작은 행위가 브레인 스포츠의 일부입니다.

브레인 스포츠는 외부의 성공 기준에 맞추는 것이 아니라, 각자 자신만의 속도와 방식으로 성장하고 가능성을 발견하며 그 과정에서 삶의 진정한 보람을 찾는 것입니다. 목표를 향해 나아가는 과정 자체에 의미가 있으며 그 속에서 자신을 더 깊이 이해하고 내면의 힘을 키울 수 있습니다.

브레인 스포츠는 개인의 성장뿐만 아니라 공동체의 성장도 중요하게 여깁니다. 기존의 스포츠가 개인의 성취를 강조하는 경우가 많다면, 브레인 스포츠는 서로를 돕고 격려하는 협력의 가치를 중시합니다. 브레인폰이 활성화되면 공감과 이해가 깊어지고, 다른 사람의 성공을 돕는 과정에서 함께 성장할 수 있습니다. 우리는 경쟁자가 아니라 동료이자 서로를 응원하는 존재가 될 수 있으며, 이를 통해 더 강한 유대감이 형성되고 공동체 전체가 성장할 수 있습니다.

이것은 누가 더 빨리, 더 높이, 더 멀리 가느냐를 겨루는 경쟁이 아닙니다. 단 한 명의 스타를 가리는 것이 아니라 모든 사람이 자기 삶에서 자신의 최고 모습을 찾아가고, 스스로 스타가 되는 과정입니다.

브레인 스포츠의 관점에서 삶을 바라보면 모든 순간이 잠재력을 깨우고, 회복력을 키우며, 더 의식적으로 살아갈 기회로 변합니다. 우리는 삶의 주인공으로서 자신의 진정한 능력을 발견하고, 그 과정에서 주변 사람들에게도 영감을 줄 수 있습니다.

브레인 스포츠는 성장과 연결, 삶의 목적을 중요하게 여기며 일상을 변화와 성취의 무대로 만듭니다. 삶은 남과 겨루는 경쟁이 아니라 나만의 속도로 한 걸음씩 나아가는 모험입니다. 브레인폰을 켜고 브레인 스포츠를 실천할 때, 우리는 뇌를 되찾고 더 강하고 창조적이며 의미 있는 삶을 만들어갈 수 있습니다.

TAKE BACK YOUR BRAIN

4장

내면의 진동을

조절하라

브레인폰을 켜고 그 잠재력을 최대로 발휘하려면 먼저 이해해야 할 것이 있습니다. 브레인폰이 진동과 공명의 원리로 작동한다는 점입니다. 마치 라디오 주파수를 맞추거나 악기를 조율하듯, 브레인폰은 우리 내면의 섬세한 진동을 감지하고 반응합니다. 이 진동은 우리의 생각과 감정뿐만 아니라 우리가 세상과 관계를 맺는 방식에도 깊은 영향을 미칩니다.

브레인 스포츠를 통해 브레인폰을 활성화하면, 자신의 진동을 더 선명하게 알아차릴 수 있을 뿐만 아니라 이를 의식적으로 조율하는 방법도 익힐 수 있습니다. 이를 통해 내면의 균형과 명료함을 찾고 자신과 주변 환경에 더 깊이 연결되어 있다는 감각을 경험하게 됩니다.

세상의 모든 것은 진동이다

우리가 보고 경험하는 모든 것은 기본적으로 진동하는 에너지로 이루어져 있습니다. 가장 작은 물질의 입자에서부터 광활한 우주에 이르기까지 모든 것은 끊임없이 움직이며 진동합니다. 눈에 보이는 물질뿐만 아니라 우리의 생각과 스치듯 지나가는 느낌이나 감각조차도 미세한 에너지의 움직임, 즉 진동의 한 형태라고 볼 수 있습니다.

책이나 의자 같은 무생물도, 인간을 포함한 모든 생명체도 미시적인 수준에서 보면 끊임없이 진동하는 작은 입자들로 이루어져 있습니다. 이 미세한 진동 덕분에 사물은 형태를 유지하고 존재할 수 있습니다. 만약 이 진동이 멈춘다면 물질은 형태를 잃고 흩어지며 우리가 경험하는 현실 또한 존재할 수 없게 됩니다.

소리와 진동을 관찰하면 이 개념을 쉽게 이해할 수 있습니다. 떨림판 위에 가는 모래나 소금을 뿌리고 일정한 주파수의 소리를 내면, 진동에 따라 알갱이들이 일정한 형태를 이루며 배열됩니다. 주파수가 높아질수록 패턴은 더욱 정교하고 복잡해집니다. 이처럼 진동은 단순한 떨림이 아니라 새로운 형태를 창조하고 변화를 일으키는 강력한 힘입니다.

더 큰 차원에서 보면 우주 자체도 진동에서 시작되었습니다. 과학자들은 빅뱅을 우주의 탄생으로 설명합니다. 빅뱅이라는 거대한 에너지의 폭발로부터 시간, 공간, 물질, 생명이 탄생했습니다. 그 순간의 진동은 지금도 우주 곳곳에서 여전히 계속되고 있습니다.

고대의 지혜도 진동이 생명과 세계의 근본이라는 사실을 오래전부터 이야기해 왔습니다. 우리나라의 고대 역사서인《부도지》에서는 천지가 '율려律呂'라는 근원적인 진동에서 시작되었다고 설명합니다. 기독교의 성경에서도 하나님이 말씀(소리)으로 세상을 창조했다고 말합니다. 동양 철학에서는 우주의 생성과 변화의 원리를 '도道'라고 부르며, 음과 양의 상호작용 속에서 조화롭게 이루어진다고 봅니다. 이 음과 양의 움직임 역시 본질적으로 진동의 원리로 이해할 수 있습니다.

진동은 우주를 구성하는 가장 기본적인 힘이며, 생명현상의 근본입니다. 행성의 궤도, 계절의 순환, 밀물과 썰물의 흐름, 달의 차고 기우는 변화, 꽃이 피고 지는 과정, 끊임없이 들고나는 우리의 숨까지 모두 진동의 리듬 속에서 움직이고 있습니다. 미시적인 차원에서부터 거대한 우주의 움직임까지, 진동은 모든 것을 연결하며 질서와 조화를 부여하는 근본적인 원리로 작용합니다.

모든 것은 고유한 진동을 지니고 있다

세상에 존재하는 모든 것은 저마다 고유한 진동을 지니고 있습니다. 사물의 크기, 모양, 재질과 같은 미세한 차이들이 서로 다른 진동수를 만들어냅니다. 마치 사람마다 지문이 다르듯 책상이나 컵 같은 물체도 저마다의 고유한 진동을 발산합니다. 해변에서 주운 비슷해 보이는 조약돌들조차 심지어 모래알처럼 매우 작은 입자까지도 저마다 고유한 진동을 품고 있습니다.

우리 몸도 예외가 아닙니다. 모든 세포는 고유한 진동을 지니고 있으며, 이 진동이 안정적이고 균형을 이루면 세포는 본래의 역할을 원활히 수행할 수 있습니다. 그러나 스트레스나 질병이 생기면 진동이 흐트러지거나 불안정해지면서 몸 전체의 균형이 깨집니다. 스트레스를 받을 때 심장이 빠르게 뛰고, 호흡이 가빠지며, 피로감이나 통증이 나타나는 것 역시 이러한 진동의 변화와 밀접한 관련이 있습니다.

우리 몸의 장기들도 각각 고유한 진동을 지니며 특정한 리듬에 따라 작동합니다. 심장은 규칙적인 박동으로 혈액을 순환시키고, 뇌는 신경세포의 활동을 통해 뇌파를 생성하며, 폐는 산소를 들이마시고 이산화탄소를 내보내는 호흡의 리듬 속에서 확장과 수축을 반복합니다. 이러한 자연스러운 리듬이 조화를 이룰 때, 몸은 건강한 균형을 유지할 수 있습니다. 그러나 이 리듬이 깨지면 신체 기능에 이상이 생길 수 있습니다.

진동은 몸과 마음의 건강을 유지하는 핵심 요소입니다. 진동은 신체와 감정 상태에 직접 영향을 미칠 뿐 아니라 몸과 마음이 얼마나 균형을 이루고 있는지를 나타내는 중요한 지표이기도 합니다. 이러한 진동의 원리를 바탕으로 발전한 것이 파동의학

波動醫學입니다. 파동의학은 빛이나 소리와 같은 에너지를 활용하여 몸의 자연스러운 진동을 회복하도록 돕습니다. 침술과 같은 전통적인 치료법 또한 이와 같은 원리를 바탕으로 합니다. 경락을 따라 흐르는 기운을 조절해 몸의 진동을 회복하고 균형을 맞추는 것입니다.

감정의 진동

우리의 감정도 몸의 세포나 장기처럼 고유한 진동을 지니고 있으며 이는 전체적인 에너지 상태에 큰 영향을 미칩니다. 감정이 변화하면 우리 몸의 에너지 또한 달라지고, 그에 따라 몸과 마음의 상태가 변합니다.

기쁨, 사랑, 감사 같은 긍정적인 감정은 주로 높은 진동을 지닙니다. 이런 감정을 느낄 때 몸과 마음에 활력이 넘치고 에너지 순환도 원활해집니다. 또한 엔도르핀, 세로토닌, 옥시토신과 같은 '행복 호르몬'이 분비되면서 기분이 좋아지고 세포의 회복과 재생이 촉진됩니다.

예를 들어, 사랑을 느낄 때 우리는 따뜻하고 편안한 감각을 경험합니다. 이는 몸의 세포가 건강하게 기능할 수 있는 진동을 만들며, 면역 체계를 활성화해 신체가 감염이나 스트레스에 더 잘 대응하도록 돕습니다. 긍정적인 감정은 혈액 순환을 원활하게 하고, 심박수와 호흡을 안정시키며, 몸이 자연스럽게 조화를 이루는 데 기여합니다. 그래서 기쁨과 사랑을 자주 느낄수록 몸이 더 가볍고 건강하며 편안하게 느껴집니다.

반면에 두려움, 분노, 슬픔 같은 부정적인 감정은 진동수를 낮추고 에너지의 흐름을 방해하여 신체에 부정적인 영향을 미칠 수 있습니다. 이러한 감정은 몸을 무겁게 만들고 피로감을 유발합니다. 장기간 지속되면 코르티솔 같은 스트레스 호르몬이 과도하게 분비되어 면역 기능이 저하되고 질병에 걸릴 위험도 높아집니다.

예를 들어, 슬픔이나 두려움을 느낄 때 근육이 긴장되고, 호흡이 불규칙해지며, 심박수가 불안정해지고, 혈압이 오르거나 소화 기능이 떨어질 수 있습니다. 이런 상태가 지속되면 숙면이 어려워지고, 만성적으로 쌓일 경우 우울감이나 불안과 같은 정신 건강 문제로 이어질 수 있습니다.

우리의 몸과 마음을 이루는 모든 요소는 각각 고유한 진동을 지니고 있으며, 이 진동들이 어우러져 한 사람의 전체적인 에너지 상태를 형성합니다. 우리는 사람이나 공간에서 느껴지는 분위기나 에너지를 표현할 때 '느낌', '기운', '분위기' 같은 단어를 사용합니다. "그 사람은 처음 만났을 때부터 분위기가 참 좋았어." "그 사람한테는 뭔가 특별한 느낌이 있어." "그 사람에게서 강한 기운이 느껴져."라고 말할 때, 사실 우리는 그 사람이 발산하는 고유한 진동을 직감적으로 감지하고 있는 것입니다.

우리의 진동은 고정된 것이 아니라 생각과 감정, 몸과 마음의 상태에 따라 끊임없이 변합니다. 기분이 좋거나 나쁠 때, 긴장하거나 편안할 때, 우리의 진동도 자연스럽게 변화합니다. 그리고 우리의 뇌와 몸이 발산하는 진동은 주변 환경과 사람들에게 영향을 미치며 동시에 외부로부터 영향을 받습니다.

브레인폰은 바로 진동을 기반으로 작동하는 시스템입니다. 마치 스마트폰의 센서가 우리의 움직임과 위치를 감지하듯, 브레인폰은 우리의 에너지 진동을 민감하게 포착해 자신의 상태를 알아차리도록 합니다. 진동은 단순한 에너지의 떨림이 아니라 뇌가 우리의 내면과 외부 세계를 연결하는 핵심적인 언어입니다. 브레인폰을 통해 뇌를 되찾는 것은 이 언어를 배우고 활용하여 삶의 조화를 이루는 과정입니다.

모든 생명체와 사물은 각자 고유한 진동을 가지고 있지만 인간이 특별한 이유는 자신의 진동을 의식적으로 인식하고 조절할 수 있다는 점에 있습니다. 우리는 진동을 통해 생각과 감정, 몸과 마음의 상태를 느낄 뿐 아니라 의식적인 선택과 행동을 통해 그 진동을 변화시킬 수도 있습니다.

예를 들어, 스트레스나 불안으로 에너지가 무겁고 불안정하게 느껴질 때 우리는 그 상태를 스스로 알아차릴 수 있습니다. 나아가 심호흡을 하거나 산책하면서 에너지 상태를 조절하고 무겁고 불안정한 진동을 가볍고 균형 잡힌 상태로 변화시킬 수 있습니다.

자신의 진동을 인식하고 스스로 바꿀 수 있다는 것은 곧 자신의 삶을 스스로 창조할 수 있다는 뜻입니다. 생각과 감정, 에너지를 의식적으로 조절함으로써 우리는 삶의 방향을 주도적으로 선택하고 변화시킬 힘을 되찾을 수 있습니다. 브레인폰을 켜서 이 능력을 활용하면, 우리는 환경과 상황에 단지 반응만 하는 것이 아니라 이를 스스로 변화시키며 자기 삶의 진정한 주인이 될 수 있습니다.

공명의 원리

진동과 떼어놓을 수 없는 브레인폰의 또 다른 작동 원리는 공명 현상입니다. 공명은 두 개 이상의 진동이 서로 영향을 주고받아 그 결과 진동이 증폭되거나 약해지는 현상을 말합니다. 이 원리는 물리적인 현상을 넘어 우리의 감정과 인간관계에도 깊이 작용하는 강력한 힘입니다.

학교에서 했던 소리굽쇠 실험을 떠올려 보세요. 하나의 소리굽쇠를 두드리면 특정한 주파수의 진동이 발생합니다. 그런데 가까이에 같은 주파수를 가진 소리굽쇠가 있다면 직접 건드리지 않아도 스스로 진동하기 시작합니다. 이는 두 소리굽쇠가 공명했기 때문이며, 주파수가 일치할 때 진동이 더욱 강하게 증폭되는 원리를 보여줍니다.

공명의 물리적 힘이 얼마나 강력한지를 보여주는 대표적인 사례가 1940년 미국 타코마 다리 붕괴 사건입니다. 개통된 지 몇 달밖에 되지 않은 이 다리는 강한 바람이 불자 출렁이는 파도처럼 흔들리다가 결국 붕괴했습니다. 그 원인은 다리의 고유 진동수와 바람의 주기적인 힘이 일치하면서 공명이 발생했기 때문입니다. 바람이 계속해서 다리와 공명하며 진동을 증폭시켰고, 결국 다리가 바람의 에너지를 감당하지 못해 무너지고 말았습니다.

비슷한 사례로, 1831년 영국 브로턴 현수교 붕괴 사건이 있습니다. 당시 74명의 병사가 발을 맞춰 행진하며 다리를 건너고 있었는데 그들의 발걸음이 다리의 고유 진동수와 일치하면서 공명이 발생했습니다. 다리는 점점 더 심하게 흔들리다가 결국 붕괴했고 많은 병사가 강물에 빠지며 부상했습니다. 이 사건 이후, 영국군은 군인들이 다리를 건널 때 발을 맞추지 말라는 규정을 도입했습니다.

진동은 서로 주파수가 맞으면 공명하여 에너지가 증폭되지만, 맞지 않으면 부조화와 소음을 일으킵니다. 이러한 공명과 조화, 부조화와 소음은 우리의 내면뿐만 아니라 타인과의 관계, 우리가 머무는 환경과 공간에서도 끊임없이 발생합니다. 마치 소리굽쇠가 특정한 주파수에 반응해 공명하듯, 우리의 감정과 에너지도 주변 환경과 사람들과 상호작용하며 증폭되거나 확산합니다.

특히 집단적인 감정은 공명을 통해 더욱 강력한 영향을 미칠 수 있습니다. 예를 들어, 한 사람이 웃음을 터뜨리면 그 웃음이 전염되어 주변 사람들도 덩달아 웃고 전체 분위기가 밝아집니다. 이는 긍정적인 진동이 공명하며 집단의 에너지를 끌어올리는 경우입니다. 반면, 부정적인 감정도 공명을 통해 빠르게 퍼질 수 있습니다. 한 사람이 분노나 불안을 표출하면, 주변 사람들도 무의식적으로 그 감정에 영향을 받으며 비슷한 감정 상태에 빠지기 쉽습니다. 특히 갈등이 발생했을 때 공포나 긴장이 증폭되면 감정적인 충돌이 더욱 커질 수 있습니다. 이러한 현상은 온라인 공간에서도 쉽게 볼 수 있습니다. SNS에 누군가 분노나 혐오가 담긴 글을 올리면 그 감정에 공감한 사람들이 댓글과 공유로 반응하며, 감정의 파장이 순식간에 퍼져나갑니다. 공명의 원리에 따라 작은 불씨가 커다란 갈등과 분열로 번지는 일은 흔히 일어납니다.

감정의 공명을 가장 강력하게 경험할 수 있는 순간 중 하나는 스포츠 경기나 콘서트 같은 대규모 이벤트입니다. 예를 들어 치열한 축구 경기에서 한 선수가 상대 팀의 수비를 뚫고 슛을 날리는 순간, 관중의 시선은 모두 공에 집중됩니다. 공이 골망을 흔드는 순간, 숨죽이고 지켜보던 수만 명의 관중 사이에 강력한 에너지가 폭발합니다.

순식간에 함성과 환호가 터져 나오고 사람들은 자리에서 일어나 팔을 흔들며, 서로 부둥켜안고 기쁨을 나눕니다. 감정이 공명을 일으키며 증폭될 때 경기장 전체가 하나의 심장처럼 뛰고, 수만 명이 같은 리듬으로 호흡하는 듯한 강력한 에너지가 형성

됩니다. 이 에너지는 선수들에게도 전달되며 그들의 경기력에
도 영향을 미칩니다. 이처럼 공명은 단순한 감정의 표현을 넘어
강력한 집단적 경험을 만들어내는 원동력이 됩니다.

우리의 진동이 서로에게 미치는 영향을 이해하면 자신의 에
너지를 더 잘 관리하려고 노력하게 됩니다. 나아가 자신의 에너
지가 주변 사람들과 공동체에 어떤 영향을 미치는지도 신경 쓰
게 됩니다. 긍정적인 진동과 공명할 때 우리는 더 건강한 관계를
맺고, 서로에게 힘을 불어넣으며 활기찬 환경을 만들어갈 수 있
습니다. 감정과 에너지의 긍정적인 순환은 개인의 성장을 돕고
주변에도 긍정적인 변화를 일으킵니다. 반면, 부정적인 진동과
공명이 일어나면 불편함과 갈등이 커지고 혼란이 가중될 수 있
습니다. 그렇기에 우리는 자신의 진동을 의식적으로 관리하고
긍정적인 에너지를 나누는 데 집중할 필요가 있습니다. 이러한
실천은 개인의 삶을 더욱 풍요롭고 조화롭게 만들 뿐만 아니라
주변에도 긍정적인 영향을 미칩니다.

조화로운 진동 만들기

말이나 표정, 행동은 어느 정도 의식적으로 조절할 수 있지만 우
리의 자연스러운 진동은 숨길 수도 가장할 수도 없습니다. 표정
이나 몸짓도 진동의 일부이지만 이는 순간적으로 나타나는 일
시적인 반응일 뿐입니다. 반면 내면에서 지속적으로 발생하는

진동은 감정과 신체 상태를 솔직하고 정확하게 반영하며, 우리가 느끼는 감정이나 주변 환경에 따라 끊임없이 변화합니다. 예를 들어 심장 박동, 뇌파, 에너지의 흐름은 우리가 의도적으로 조절할 수 없는 자연스러운 진동입니다. 말이나 표정처럼 꾸밀 수 있는 것이 아니라 내면의 상태를 있는 그대로 드러내는 신호입니다.

브레인폰은 이러한 진동을 감지하여 우리가 그것을 인식할 수 있도록 돕습니다. 예를 들어, 마음이 차분할 때는 심장 박동이 안정되고, 뇌파도 느려지며, 편안한 리듬이 만들어집니다. 반면 스트레스나 불안은 심장 박동을 빠르게 하고, 근육을 긴장시키며, 호흡을 흐트러뜨릴 수 있습니다.

지금 이 순간에도 우리의 뇌와 몸은 한순간도 멈추지 않고 진동하고 있습니다. 이 진동은 단순히 우리의 내면 상태를 반영하는 것이 아니라 끊임없이 외부 환경과 공명하며 강력한 영향을 주고받습니다. 우리가 내보내는 진동은 주변 사람, 기회, 사건과 연결되며, 때로는 새로운 가능성을 끌어당기고 때로는 우리와 맞지 않는 것을 자연스럽게 밀어내는 힘이 됩니다.

우리가 생각하고 선택하는 모든 것은 이미 가능성의 형태로 존재합니다. 그중에서 우리는 자신의 진동과 공명하는 가능성을 현실로 만들어갑니다. 우리가 어떤 사람이나 상황에 끌리는 것도 우리의 진동과 공명하는 것이 자연스럽게 삶에 나타나는 현상입니다.

예를 들어, 불안한 진동 상태에 있으면 긴장과 어려움을 더 많이 끌어들이게 됩니다. 반면 감사하는 마음과 긍정적인 태도를 실천하면 마음이 편안해지고 새로운 기회가 자연스럽게 찾아옵니다. 이것은 우연이 아니라 우리 내면의 에너지가 주변 환경과 공명하며 서로 영향을 주고받기 때문입니다.

그렇기에 자신의 진동을 인식하고, 의식적으로 선택하며 조절하는 능력은 우리의 성장과 발전에 결정적인 역할을 합니다. 자신의 에너지를 주변과 조화롭게 공명하도록 조율하는 힘을 기를수록, 삶의 흐름이 더 부드러워지고 원하는 방향으로 나아가게 됩니다.

브레인 스포츠는 이 과정에서 중요한 역할을 합니다. 브레인폰을 활성화하고 미세하게 조율하며, 그 신호를 강화해 진동을 더 잘 느끼고 조절할 수 있도록 돕기 때문입니다. 가볍게 몸을 움직이거나, 호흡을 깊게 하거나, 조용히 자신을 돌아보는 브레인 스포츠 활동은 흩어진 에너지를 차분히 가라앉히고 균형을 되찾아줍니다. 마치 악기를 조율하듯 브레인폰이 당신의 목표와 내면의 에너지가 조화롭게 연결되도록 도와줍니다.

브레인 스포츠를 꾸준히 실천하면 브레인폰의 효과는 더욱 커집니다. 정교하게 조율된 악기가 맑고 조화로운 소리를 내듯 꾸준한 연습은 내면의 진동을 더 긍정적이고 조화롭게 만듭니다. 브레인 스포츠는 단순히 스트레스를 줄이거나 산만함을 다스리는 데만 도움이 되는 것이 아닙니다. 일상에서 정신적인 명료함과 정서적 안정감을 키우는 든든한 기반이 됩니다.

작은 습관들도 강력한 브레인 스포츠가 될 수 있습니다. 심호흡으로 에너지를 새롭게 조율하거나 부정적인 생각을 긍정적으로 바꾸는 작은 행동만으로도 큰 변화를 만들어낼 수 있습니다. 이런 훈련이 반복될수록 삶을 더 균형 있고 의식적으로 살아갈 힘이 길러집니다.

지금 잠시 시간을 내어 브레인폰을 켜고 자신의 진동을 느껴보세요. 에너지가 편안하고 가벼운지 불안하고 무거운지 살펴보세요. 만약 무언가 불편하게 느껴진다면, 그 상태를 바꿀 수 있는 방법을 찾아보세요. 작은 것이라도 좋습니다. 숨을 조금 더 천천히 쉬거나, 산책하거나, 잠시 멈추어 자기 생각을 바라보는 것만으로도 진동을 조절하는 데 도움이 됩니다. 이런 작은 실천들이 모여 더 안정적이고 충만한 삶의 기반을 만들어줍니다.

브레인폰과 브레인 스포츠를 활용하면 내면의 진동을 조율하여 자신이 진정으로 원하는 삶과 더 깊고 조화롭게 연결될 수 있습니다. 이를 통해 어려움을 더 쉽게 극복하고, 일상을 자신감 있고 탄력 있으며 더욱 의미 있게 살아갈 수 있습니다.

내면의 느낌

브레인폰이 감지하는 진동은 단지 생각이나 감정, 감각, 몸의 상태에 국한되지 않습니다. 우리는 그보다 훨씬 더 깊은 차원의 진동을 느낄 수 있습니다. 이 진동을 '내면의 느낌'이라 부르겠습니다. 이것은 우리가 누구이며 무엇을 원하는지, 그리고 어떤 방향으로 나아가야 하는지를 알려주는 중요한 신호이자 모든 영적 자각의 바탕이 됩니다.

일반적으로 느낌이라고 하면 우리가 일상에서 경험하는 감정이나 감각을 떠올립니다. 예를 들어 기쁨·슬픔·분노와 같은 감정이나, 춥거나 따뜻함을 느끼는 신체적인 감각이 이에 해당합니다. 이런 느낌은 외부 환경이나 특정 상황에 대한 즉각적인 반응으로 나타나며 일시적이고 쉽게 변할 수 있습니다.

반면 내면의 느낌은 훨씬 깊고 지속적인 차원에서 우리에게 메시지를 줍니다. 이는 특정한 상황에 대한 반응이 아니라 더 근원적인 무엇인가에서 오는 것입니다. 내면의 느낌은 직관적이며 종종 명확한 이유 없이도 우리에게 강한 확신을 줍니다. 그래서 우리는 논리적으로 잘 설명되지 않아도 이 내면의 느낌을 따르는 것이 맞다고 직감하는 순간을 경험합니다.

내면의 느낌이 중요한 이유는 우리의 생각, 선택, 행동에 대한 최종 판단을 내리는 기준이 되기 때문입니다. 우리가 어떤 생각이나 선택, 행동이 나에게 의미가 있는지 판단하는 기준은 결국 그것이 우리의 내면에 어떤 느낌을 주는가에 있습니다. 내면의 느낌이야말로 우리가 내린 결정의 의미와 가치를 판단하는 중요한 요소입니다.

예를 들어, 당신이 오랫동안 간절히 원하던 목표를 힘든 노력

끝에 성취했다고 가정해 보세요. 집이나 은행 잔고일 수도 있고, 직장이나 자격증일 수도 있으며, 인생을 함께하고 싶은 누군가일 수도 있습니다. 그런데 당신의 눈앞에 있는 성과물이 정말로 당신이 원했던 것인지를 어떻게 확신할 수 있을까요? 주변 사람들의 칭찬이나 인정을 받으면 기분이 좋을 수 있고, 그것이 당신의 선택이 옳았다고 생각하게 만들 수도 있습니다. 하지만 결국 그 목표가 당신에게 의미가 있는지를 판단하는 기준은 내면의 느낌입니다.

만약 목표를 이루었는데도 만족스럽지 않고 설명할 수 없는 공허함이나 내가 있어야 할 곳이 아닌 낯선 곳에 와 있다는 느낌이 든다면, 그것은 당신이 진정으로 원했던 것이 아닐 가능성이 큽니다. 처음에는 그런 느낌을 무시할 수도 있지만 시간이 지날수록 '이게 아닌데…'라는 느낌이 더 커진다면, 결국 그 진실을 인정할 수밖에 없을 것입니다.

물론 내면의 느낌이 진실임을 받아들인다고 해서 모든 사람이 그 느낌을 따르는 것은 아닙니다. 어떤 사람들은 '내가 진정으로 원하는 것은 무엇인가?'라는 질문을 스스로에게 던지고, 현재 가진 것을 내려놓으며 새로운 꿈을 향해 나아갑니다. 그러나 더 많은 사람이 그 느낌을 외면한 채 현실에 머무는 것을 선택합니다. 그러나 내면의 진실은 절대 사라지지 않으며 결국 언젠가는 다시 우리를 찾아옵니다. 해결되지 않은 감정은 후회나 공허함으로 변해 우리를 무겁게 짓누를 수 있습니다.

삶의 끝자락에서 '내 삶을 정말 잘 살았는가?'라고 물을 때, 우리가 소유한 집이나 자동차, 은행 잔고는 그 질문에 대한 답이 될 수 없습니다. 진정으로 충만한 삶을 결정짓는 것은 결국 우리가 경험한 사랑, 기쁨, 연결감, 만족감 같은 내면의 느낌입니다. 우리가 추구하는 외적인 목표들은 그 자체가 최종 목적이 아닐 때가 많습니다. 겉으로는 돈이나 명예를 좇는 것처럼 보일 수 있지만, 사실 우리가 진정으로 원하는 것은 그것들이 가져다주는 안정감, 자유, 자부심, 만족감일 수 있습니다. 관계에서도 마찬가지입니다. 우리가 누군가와의 관계를 소중히 여기는 이유는 그 관계를 통해 사랑, 깊은 연결감, 소속감, 공감, 이해, 기쁨을 느낄 수 있기 때문입니다.

그렇기에 우리는 단순히 목표를 이루는 것에만 집중할 것이 아니라, 그 목표를 통해 내가 진정으로 원하는 내면의 느낌이 무엇인지 깊이 이해해야 합니다. 내면의 느낌을 알아차리고 따를 때 우리는 더욱 의미 있고 충만한 삶을 만들어갈 수 있습니다.

생각, 감정, 감각을 넘어

내면의 느낌은 생각도 아니고 감정도, 감각도 아닙니다. 우리의 머릿속이 복잡한 생각들로 가득 차 있거나 격한 감정에 휘말려 있거나 감각적 자극에 집중하고 있을 때, 내면의 느낌을 제대로 감지하기 어렵습니다.

생각은 끊임없이 분석하고 판단하며, 옳고 그름을 따지려는 성향이 있습니다. 하지만 그 과정에서 스스로 더 많은 문제를 만들어내고, 걱정과 불안을 증폭시키며, 결과에 집착하게 됩니다. 예를 들어, 중요한 회의를 앞두고 "내 자료가 충분할까?" "동료들이 내 의견을 어떻게 받아들일까?" 같은 생각들이 떠오르면, 회의가 시작되기도 전에 불안과 스트레스가 커집니다. 미리 부정적인 시나리오를 상상하면서 자신을 불필요한 긴장 속에 몰아넣는 것입니다.

감정은 강력한 에너지로 우리를 휘어잡아 이성적인 판단을 흐리게 합니다. 가까운 사람과의 대화에서 오해가 생겼을 때, 감정에 휩싸여 순간적으로 상처를 주는 말을 내뱉고 후회했던 경험이 누구나 있을 것입니다. 감정은 즉각적인 반응을 요구하기 때문에 감정에 지배당하면 차분히 성찰하고 더 현명한 선택을 할 기회를 놓칠 수 있습니다.

감각적 자극도 마찬가지입니다. 불편함이든 즐거움이든 강한 감각적 자극은 우리의 주의를 오로지 그 자극에만 집중하게 만듭니다. 그 결과 전체 상황을 놓치고, 그 자극을 따라가거나 피하려는 행동에 사로잡히게 됩니다. 예를 들어, 갑자기 통증이나 가려움증을 느끼면 그것에 신경을 빼앗겨 지금 하던 일이나 주변 상황을 제대로 인식하지 못할 수 있습니다. 감각적 자극은 우리의 시야를 좁히고 균형 잡힌 판단을 방해할 수 있습니다.

그러나 내면의 느낌은 생각, 감정, 감각과는 전혀 다른 방식으로 작용합니다. 생각처럼 분석하거나 판단하지 않으며 감정처럼 즉각적인 반응을 요구하지 않습니다. 감각적 자극처럼 우리의 주의를 좁히지도 않습니다. 대신 느낌은 우리의 의식을 더 깊은 곳으로 이끌어 내면의 중심과 자연스럽게 연결해 줍니다. 내면의 느낌에 집중할 때 우리는 특정한 생각이나 감정, 신체의 특정 부위에만 몰입하는 것이 아니라, 주변의 모든 것과 연결된 상태에서 내면 깊숙한 곳에서 울리는 신호에 귀를 기울이게 됩니다.

복잡한 생각과 격한 감정, 그리고 강한 감각적 자극 속에서 내면의 느낌을 감지하려는 것은 혼잡한 출근길의 경적 소리 가득한 도심 한복판에서 나뭇잎이 바람에 스치는 소리를 들으려는 것과 같습니다. 분명히 그 소리는 존재하지만 주위의 소음 때문에 들리지 않습니다. 그러나 생각이 잦아들고 감정이 차분해지며 외부의 자극에 흔들리지 않는 상태가 되면 브레인폰이 켜집니다. 그때 우리는 내면의 느낌을 선명하게 감지할 수 있습니다.

'내면의 느낌'의 근원

꾸준히 명상이나 자기 성찰을 해본 사람이라면, 생각이 잦아들고 감정이 차분해지며 감각적 자극에 흔들리지 않는 깊은 고요함을 경험해 본 적이 있을 것입니다. 그 순간 우리의 의식은 점차 외부에서 내면으로 향하게 됩니다. 뇌파로 보면 평소 활동할 때 주로 나타나는 베타파에서 이완 상태의 알파파로, 더 깊은 명상 상태의 세타파나 델타파로 전환됩니다. 이러한 깊은 이완 상태에서는 생각·감정·감각이 모두 잦아들지만 내면의 느낌은 더욱 선명해집니다. 마치 시끄러운 도로에서 벗어나 조용한 숲속으로 들어섰을 때 비로소 나뭇잎이 바람에 스치는 소리를 들을 수 있는 것처럼 내면의 느낌이 서서히 드러납니다.

이 느낌은 흔들림 없는 평화, 깊은 안도감, 직관이나 통찰, 명확한 확신으로 다가오기도 합니다. 그러나 내면의 느낌이 언제나 긍정적인 것은 아닙니다. 이완된 상태에서는 그동안 억눌려 있던 감정이나 갈등이 수면 위로 떠오를 수도 있습니다. 때로는 불편하거나 혼란스러운 감정 혹은 회피해 왔던 상처와 마주하게 될 수도 있습니다. 그러나 이런 감정들도 우리가 직면해야 할 중요한 메시지를 담고 있습니다. 불편함 속에는 성장과 치유의 기회가 숨어 있으며, 그것을 받아들일 때 우리는 더 깊은 깨달음과 자유를 얻을 수 있습니다.

때로는 내면의 느낌에 이끌려 스스로에게 중요한 질문을 던지게 됩니다. '지금 나의 선택이 진실한가?' '이것이 내가 정말 원하는 것인가?' 이러한 근본적인 질문에 대한 진정한 답을 찾게 합니다. 그 답이 긍정적이든 부정적이든, 내면의 느낌은 우리가 더 진실한 방향으로 나아가도록 돕는 나침반과 같습니다.

그렇다면 이러한 내면의 느낌은 어디에서 비롯되며, 우리는 어떤 근거로 그것을 신뢰할 수 있을까요? 우리는 모두 우주 전체를 움직이는 근원적인 지혜와 에너지에 연결되어 있습니다. 우리가 '내면의 느낌'이라 경험하는 것은 사실 우리의 마음과 에너지를 통해 우주의 에너지가 드러나는 것입니다. 우주의 에너지는 우리가 의식하든 하지 않든 항상 우리 안에서 흐르고 있습니다. 우리가 내면의 느낌으로 감지하는 것은 바로 이 근원적인 흐름입니다. 마치 호수의 물결이 고요해지면 그 아래에 있던 모든 것들이 선명하게 보이듯, 뇌가 깊이 이완되고 외부의 소음이 잠잠해질 때 우리는 이 근원적인 에너지를 더 선명하게 느낄 수 있습니다. 내면의 느낌은 우주가 우리에게 보내는 피드백이자 우리를 이끄는 영혼의 목소리입니다.

우리가 브레인폰을 통해 감지하고 소통하려는 것이 바로 이 내면의 느낌, 즉 영혼의 울림입니다. 브레인폰을 통해 우주의 피드백을 담은 내면의 진동을 인식하고, 그 진동과 공명함으로써 우리는 더 조화롭고 진정으로 원하는 삶을 창조할 수 있습니다.

내면의 GPS

살면서 우리는 끊임없이 선택의 순간에 직면합니다. 어떤 목표를 향해 나아갈지, 어떤 관계를 지속할지, 지금의 길을 계속 갈지, 아니면 새로운 방향을 선택할지를 결정해야 합니다. 목표가 분명하더라도 인생은 결코 예상대로 흘러가지 않습니다. 예상치 못한 사건이 길을 가로막기도 하고 때로는 전혀 생각지 못한 새로운 기회가 열리기도 합니다. 목표를 향한 여정에는 수많은 갈림길이 존재하며 그 과정에서 우리는 우연한 만남과 조력자, 장애물, 기회, 역경을 마주하게 됩니다. 그리고 우리는 그 속에서 끊임없이 선택해야 합니다.

내면의 진동, 즉 영혼의 목소리와의 연결은 삶의 길잡이가 됩니다. 내면의 느낌은 마치 GPS처럼 우리가 어디로 가야 할지를 안내합니다. 지금의 선택이 올바른지, 가려는 길이 맞는지에 대한 우주의 피드백이자 더 크고 지혜로운 나로부터 오는 신호입니다. 우리가 어려운 상황에 직면했을 때, 내면의 느낌이 '이 길이 맞다'라는 확신을 준다면, 그것은 역경을 이겨내는 강력한 내적 힘이 됩니다.

당신이 선택한 목표를 향해 가는 길에서 당신을 인도하는 것은 내면의 느낌입니다. 내면의 느낌은 당신의 브레인폰을 통해 전달되는 뇌의 가장 순수한 신호입니다. 이 신호를 인식하고 따르는 것은 뇌를 되찾아 진정한 자신과 연결되는 지름길입니다.

선택의 순간에 갈등과 고민이 생긴다면 언제나 이 내면의 느낌에 의지하세요. 이 느낌은 순간적인 충동이 아닌 내면 깊은 곳에서 보내는 GPS 신호로, 당신이 진정으로 원하는 삶의 방향을 제시합니다. 선택의 순간 브레인폰을 켜고 내면으로 주의를 돌리세요. 생각에 빠지지 말고, 감정에 휩쓸리지 말고, 감각에 현혹되거나 압도되지 말고 내면의 느낌을 찾아보세요. 그 느낌은 분명하고 때로는 설명할 수 없는 확신을 주어 당신을 안내할 것입니다.

　내면의 느낌을 따르세요. 당신이 목적지에 도달했는지 아닌지를 판단하는 기준은 외부의 평가나 타인의 의견이 아닙니다. 그것은 오직 내면의 느낌, 즉 당신의 영혼이라는 사실을 기억하기 바랍니다. 내면의 느낌은 당신이 진정으로 원하는 삶으로 이끄는 나침반이며, 이 느낌을 따를 때 잃어버렸던 뇌의 잠재력을 되찾아 온전히 활용할 수 있습니다.

5장

느낌으로 상상력을

끌어올려라

브레인폰을 켜고 내면의 느낌을 따르면, 자신이 진정으로 원하는 목표에 맞는 결정을 내릴 수 있는 명확함과 자신감을 얻을 수 있습니다. 그러나 내면의 느낌이 지닌 힘은 거기서 멈추지 않습니다. 그것은 변화를 창조하는 뇌의 가장 강력한 도구인 상상력의 문을 열어줍니다. 내면의 느낌과 연결될 때 상상력은 단순한 공상이 아니라 현실을 창조하는 강력한 힘으로 변모합니다. 상상력은 목표와 현실 사이의 틈을 메우며, 아직 존재하지 않은 것을 마치 존재하는 것처럼 선명하게 그려낼 수 있도록 합니다.

상상은 '만약에…'라는 질문에서 시작됩니다. 스티브 잡스는 손바닥 안에서 모든 것을 할 수 있는 기기를 상상하며 이 질문을 던졌고, 마틴 루터킹은 모든 사람이 평등한 세상을 꿈꿨습니다. 그들의 상상력은 내면의 느낌과 깊이 연결되어 있었으며, 의미 있는 변화를 창조하려는 강한 열망에서 비롯되었습니다.

상상은 단순히 머릿속으로 그리는 추상적인 생각에 그치지 않고, 우리의 몸과 마음에 실질적인 변화를 일으킵니다. 예를 들어 좋아하는 음식을 떠올리면 입에 침이 고이고, 중요한 발표나 면접을 앞둔 상황을 상상하면 심장이 빨리 뛰거나 손에 땀이 날 수 있습니다. 이는 상상력이 우리의 현실에 영향을 미친다는 강력한 증거입니다.

과학적 연구도 이를 뒷받침합니다. 2014년 미국 오하이오대학교의 연구에서는 4주 동안 매일 팔을 굽히는 상상 훈련을 한 사람들의 팔 근력이 두 배 증가한 것으로 나타났습니다. 실제로 근력 운동을 하지 않았음에도 불구하고 상상만으로 신체적인 변화가 일어난 것입니다. 널리 알려진 플라세보 효과도 마찬가지입니다. 가짜 약을 복용한 사람들조차도 자신이 좋아질 것이라는 기대와 상상만으로 실제로 몸 상태가 개선되는 현상을 보입니다. 환자의 상상이 몸에 실제적인 치유 반응을 만들어내는 것입니다.

이런 상상의 힘을 가장 적극적으로 활용하는 분야가 스포츠입니다. 많은 운동선수가 경기 전에 시각화 훈련을 합니다. 권투선수 무하마드 알리는 링 위에서 승리하는 자기 모습을 상상하며 자신감을 키우고 집중력을 강화했습니다. 올림픽 최다 메달리스트인 수영선수 마이클 펠프스는 매일 자신의 경기를 세밀하게 시각화하는 훈련을 했습니다. 그는 물속의 움직임과 스트로크 감각뿐만 아니라, 수영 도중 고글이 벗겨졌을 때 침착하게 극복하는 장면까지 반복해서 시각화했습니다. 덕분에 실제 경기에서 어떤 돌발 상황이 발생하더라도 평정심을 유지하고 최고의 성과를 낼 수 있었습니다.

상상력은 강력한 출발점이지만 상상만으로 모든 것이 이루어지지는 않습니다. 원하는 것을 현실로 만들려면 노력과 계획, 그리고 구체적인 행동이 필요합니다. 상상력은 목표를 향한 첫걸음입니다. 막연한 열망을 명확하고 구체적인 비전으로 바꿔주는 불씨와 같기 때문입니다.

내면의 느낌과 연결하고 브레인 스포츠를 꾸준히 실천하면 상상력은 더욱 강력해집니다. 이를 통해 에너지와 집중력을 모으고, 단순한 바람을 넘어 원하는 삶을 실제로 창조하는 힘을 기를 수 있습니다. 이 장에서는 내면의 느낌과 브레인 스포츠를 결합해 상상력을 키우고 활용하는 방법을 알아보겠습니다.

진정으로 원하는 것

무언가를 간절히 원하는 마음은 모든 성장과 발전의 출발점입니다. 강한 열망은 우리가 습관을 바꾸고 목표를 향해 노력하도록 이끄는 동력입니다. 그러나 간절히 원하는 바가 없다면 삶은 반복되는 일상으로 정체되기 쉽습니다.

원하는 마음은 동기를 부여하는 근본적인 힘입니다. 우리의 모든 행동은 무엇인가를 바라는 마음에서 시작됩니다. 예를 들어, 더 건강해지고 싶은 사람은 건강에 대한 강한 열망이 있기에 식단을 바꾸고 운동을 시작합니다. 만약 그런 열망이 없다면 익숙한 현재의 생활에 안주하며 변화하려는 시도조차 하지 않을 것입니다. 아무리 작은 변화라도 바람이 없다면 시작되지 않습니다.

상상과 창조의 바탕에는 늘 강한 열망이 있습니다. 원하는 것이 있기에 우리는 그것이 이루어지는 모습을 상상합니다. 그리고 간절히 원하기에 단순히 꿈꾸는 것에 그치지 않고 목표를 향해 실제로 움직입니다. 역사를 살펴보면 강한 열망을 가진 사람들은 항상 행동으로 그 열망을 증명해 왔습니다. 마하트마 간디는 인도의 독립을 간절히 원했고 이를 위해 비폭력 저항 운동을 펼쳤습니다. 그의 확고한 신념과 실천은 수백만 명의 마음을 움직였고 결국 인도의 독립을 이루는 원동력이 되었습니다.

상상력의 힘을 제대로 활용하려면 먼저 자신이 진정으로 원하는 것이 무엇인지 알아야 합니다. 원하는 것이 명확해야 구체적으로 상상할 수 있고, 실현하기 위한 계획도 세울 수 있기 때문입니다. 우리는 매일 많은 것을 원합니다. 먹고 싶은 것, 갖고 싶은 것, 이루고 싶은 것이 끊임없이 떠오릅니다. 그러나 "당신이 진정으로 원하는 것이 무엇입니까?"라는 질문을 받으면 많은 사람이 쉽게 답하지 못합니다. 그때그때 바라는 것은 많지만 정작 삶에서 꼭 이루고 싶은 근본적인 열망이 무엇인지 모르는 경우가 많기 때문입니다.

실제로 많은 사람이 자신이 진정으로 원하는 것이 무엇인지 확신하지 못하거나, 알고 있으면서도 그것을 인정하지 않고 살아갑니다. 혹은 알고 있지만 그것을 인정하기가 두려워 외면하기도 합니다. 때로는 원하는 것이 자신의 진짜 욕구가 아니라 주변의 기대나 사회적 기준에 의해 만들어진 것일 수도 있습니다. 또한 원하는 것을 받아들이는 순간 그것을 이루기 위해 변화해야 하는데 그 변화가 두려울 수도 있습니다. 그래서 우리는 종종 원하는 것을 모르는 척하거나 아예 자신을 속이고 현실에 안주합니다.

그러나 상상의 힘을 발휘하고 싶다면 먼저 자신이 원하는 것에 대해 솔직해져야 합니다. 진정한 욕망이 무엇인지 명확히 알게 되면 그것은 단순한 바람을 넘어 반드시 이루겠다는 목표로 바뀝니다. 명확한 목표는 상상력에 방향과 집중력을 더해줍니다. 막연히 바라기만 하는 것이 아니라 그 목표를 현실로 만들기 위한 구체적인 계획과 실행 단계를 자연스럽게 끌어냅니다. 열망이 강할수록 목표를 향한 추진력도 강해지고, 목표에 다가가는 과정도 더욱 분명해집니다.

그렇다면 자신이 진정으로 원하는 것을 어떻게 알 수 있을까요? 그 답은 외부에서 찾을 수 없습니다. 나의 진정한 욕구는 나 자신만이 알 수 있습니다. 그것을 대신 결정할 수 있는 사람은 아무도 없습니다. 그것을 발견하려면 내면을 들여다봐야 합니다. 앞에서 이야기했듯이 내면의 느낌과 진동은 내가 진정으로 원하는 것을 깨닫는 중요한 단서가 됩니다. 이 미묘한 신호에 주의를 기울이면 무엇이 내게 진정으로 의미 있는지 더욱 분명해지고, 그 열망에 따라 행동할 수 있습니다.

느낌의 힘

당신이 인생에서 원하는 것은 무엇입니까? 잠시 시간을 내어 마음속에 떠오르는 것들을 자유롭게 적어보세요. 너무 깊이 생각하지 말고 그냥 떠오르는 대로 예전부터 간절히 원했던 것들을 솔직하게 써 내려가면 됩니다.

어떤 사람들은 자신이 원하는 것이 분명하고 그 목표를 향해 꾸준히 노력해 왔기에 망설임 없이 답할 수 있을 것입니다. 반면에 아직 탐색 중이거나 목표에 대한 확신이 없는 사람들도 있을 것입니다. 괜찮습니다. 크든 작든 누구나 원하는 것이 있기 마련이며, 그것을 명확히 해가는 과정이 중요합니다. 무엇이든 좋으니 지금 떠오르는 것들을 편하게 적어보세요.

이제 "나는 삶에서 어떤 느낌을 더 자주, 더 깊이 경험하며 살고 싶은가?"라고 스스로에게 물어보세요. 예를 들어 행복, 자신감, 평화, 기쁨, 사랑, 자유, 충만함 등 어떤 것이든 좋습니다. 꼭 하나만 적을 필요는 없습니다. 자신에게 중요한 느낌을 적어보세요. 어디서부터 시작해야 할지 잘 모르겠다면, 인생에서 가장 기쁘고 만족스러웠던 순간들을 떠올려 보세요. 그 순간 무엇이 충족되었기에 그렇게 행복했나요? 이러한 질문들이 당신이 진정으로 원하는 느낌을 발견하는 데 도움이 될 것입니다.

다음으로 조금 전에 적어둔 목표들을 하나씩 떠올리며 그 목표가 원하는 느낌을 가져다줄 수 있는지 자신에게 물어봅니다. 어떤 목표는 '그렇다'라는 강한 느낌이 들고, 어떤 목표는 별다른 감흥이 없거나 '아닌 것 같다'라는 생각이 들 수 있습니다. 혹은 아직 확신이 들지 않을 수도 있습니다. 중요한 것은 자신에게 솔직해지는 것입니다. 목표가 정말 내면에서 원하는 것과 연결되어 있는지 아니면 외부의 기대나 습관적으로 따라온 것인지 살펴보는 과정 자체가 의미 있습니다.

확신이 서지 않거나 목표가 원하는 느낌을 가져다주지 못할 것 같다면, "무엇이 나에게 그런 느낌을 줄 수 있을까?"라고 자신에게 물어보세요. 답이 바로 떠오를 수도 있고, 한참을 고민해도 명확한 답이 나오지 않을 수도 있습니다. 어느 쪽이든 괜찮습니다. 이 과정은 단 한 번에 끝나는 것이 아닙니다. 여러 번 질문을 던지면서 조금씩 명확해지는 경우가 더 많습니다. 서두르지 말고 며칠 동안 여유를 가지면서 이 질문에 대한 답을 찾아봅니다.

또한 우리의 가치관은 시간이 흐르면서 변합니다. 예전에는 의미 있던 목표가 지금은 중요하게 느껴지지 않을 수도 있습니다. 이것은 자신에게 진정으로 중요한 것이 무엇인지를 더 깊이 이해하고 성장해 가는 자연스러운 과정입니다.

당신이 원하는 목표가 어떤 느낌과 연결되어 있는지 살펴봅니다. 여행을 더 자주 하고 싶다면 모험을 즐기고 싶어서인지, 더 큰 자유를 느끼고 싶어서인지, 아니면 새로운 문화를 경험하고 싶어서인지 생각해 보세요. 살을 빼고 싶다면 더 건강해지고 싶어서인지, 자신감을 얻고 싶어서인지, 아니면 체중 감량 후에 꼭 해보고 싶은 일이 있기 때문인지 자신에게 물어보세요. 이렇게 목표와 느낌을 연결하다 보면 자신에게 정말로 중요한 것이 무엇인지 더 명확해지고, 내면의 욕구와 조화를 이루는 방향으로 행동할 수 있습니다.

이처럼 느낌을 묻는 이유는 결국 내면의 느낌이 우리가 내리는 모든 판단의 최종 기준이 되기 때문입니다. 내면의 느낌은 현재의 삶이 진정한 자기 자신과 조화를 이루고 있는지를 가장 솔직하게 보여주는 신호이며, 내가 진심으로 원하는 방향으로 나아갈 수 있도록 안내하는 인생의 GPS 역할을 합니다.

우리의 뇌는 생각에 대해서는 의심할 수 있지만 느낌은 있는 그대로 받아들입니다. 어떤 느낌을 경험하면 뇌는 그것을 실제 사건으로 인식하고 이에 맞는 각각의 신호를 몸 전체에 보내기 시작합니다. 그 신호는 호르몬 분비, 심장 박동, 혈류량 등 다양한 신체 반응을 일으키며 결국 몸과 마음의 상태를 변화시킵니다.

느낌은 뇌와 몸을 연결하는 중요한 역할을 합니다. 예를 들어,

두려움을 느낄 때를 떠올려 보세요. 위협적인 상황을 상상하든 실제로 직면하든 뇌는 이를 현실의 위험으로 인식하고 즉각 몸에 경고 신호를 보냅니다. 그 결과 심장이 빨리 뛰고, 손에 땀이 나며, 근육이 긴장됩니다. 이러한 신체 반응은 두려움을 강화해 느낌이 신체적 변화를 유발하고, 그 변화가 느낌을 증폭시키는 피드백 고리를 형성합니다. 즉, 느낌은 단순한 감정이 아니라 신경학적 반응을 생리적인 변화로 바꾸는 강력한 힘을 가지고 있습니다.

느낌은 행동을 이끄는 가장 강력한 동기입니다. 단순한 생각만으로는 쉽게 행동으로 옮겨지지 않지만, 느낌이 동반되면 즉각적인 반응이 나타납니다. 예를 들어, 배가 고플 때 우리는 '왜 음식을 먹어야 하는지' 고민하지 않습니다. 단순히 배고픔을 느끼기 때문에 자연스럽게 음식을 찾게 됩니다. 하지만 '단순히 식사할 시간이 되었다'라고 생각하면 즉각적인 행동으로 이어지지 않을 수 있습니다. 운동이 건강에 좋다는 사실을 알고 있어도, 그 사실만으로는 운동하게 만들지 못합니다. 그러나 몸이 무겁고 체력이 떨어지는 느낌이 들면 그제야 운동해야겠다는 동기가 생기고, 실제로 몸을 움직이게 됩니다.

이처럼 느낌은 단순한 이해나 논리적 판단보다 훨씬 더 직접적이고 강력하게 우리의 행동을 이끕니다. 결국 우리가 진정으로 원하는 것을 결정짓는 가장 중요한 요소는 '느낌'입니다. 느낌을 통해 우리는 자신이 바라는 것이 무엇인지 깨닫고 그 목표를 더욱 선명하게 상상할 수 있습니다. 중요한 것은 단순히 목표를 이루고 싶다는 열망이 아니라 그 목표를 통해 어떤 느낌을 경험하고 싶은가입니다. 행복, 자유, 성취감 같은 내면의 느낌이 궁극적인 목적이라면 상상할 때도 그 느낌을 함께 떠올려야 상상의 힘이 배가됩니다. 단순히 '이루고 싶다'라는 생각에서 그치는 것이 아니라 이미 그 목표를 달성했을 때의 감각을 생생하게 느끼는 것이 상상을 현실로 바꾸는 열쇠입니다.

상상의 과학

느낌의 힘을 잘 보여주는 흥미로운 연구가 있습니다. 1979년, 하버드대학교의 엘렌 랭거Ellen Langer 박사는 '시계 거꾸로 돌리기 실험'이라는 연구를 수행했습니다. 이 연구에는 70~80대 남성 8명이 참여했으며, 그들은 20년 전의 삶을 재현한 환경에서 5일 동안 생활했습니다. 한 그룹은 단순히 과거를 '회상'하도록 요청받았고 다른 그룹은 실제로 20년 전처럼 말하고 행동하도록 요청받았습니다.

실험이 끝난 후 두 그룹 모두 신체적으로 더 젊어진 결과를 보였지만, 20년 전처럼 '행동한' 그룹이 '회상한' 그룹보다 훨씬 큰 변화를 경험했습니다. 그들의 자세는 반듯해졌고, 관절이 유연해졌으며, 관절염 증상도 완화되었고, 관절 부종이 줄어 손가락 길이도 더 길어졌습니다. 시력과 청력, 악력과 기억력까지 향상되었습니다. 처음에는 허약하고 의존적이었던 참가자들이 마지막 날에는 잔디밭에서 즉석 축구 경기를 즐기기까지 했습니다. 단 5일 만에 연구진의 눈앞에서 말 그대로 '회춘'한 것입니다.

이 실험은 상상력이 느낌과 결합할 때 얼마나 강력한 변화를 만들어낼 수 있는지를 보여줍니다. 20년 전처럼 행동했던 그룹이 더 큰 변화를 보인 이유는 단순히 과거를 떠올리는 데서 그치지 않고 실제로 그 젊음을 느꼈기 때문입니다. 그들은 자신을 젊다고 생각했고, 그 느낌에 맞춰 말하고 행동했으며, 결국 몸이 그 느낌을 따르면서 신체적으로도 젊어졌습니다.

2019년 〈스포츠 과학 및 의학 저널〉에 발표된 연구에 따르면 배구 스파이크, 농구 슛, 골프 스윙 같은 동작에서 시각화 기법을 사용한 선수들이 기술적으로 더 발전한 것으로 나타났습니다. 검토된 연구 중 90%가 시각화를 통해 성과가 확실히 향상되었다고 보고했습니다. 이는 마음을 훈련하는 것이 몸을 훈련하는 것만큼이나 중요하다는 사실을 보여줍니다.

하지만 시각화의 효과는 개인의 경험에 따라 차이가 날 수 있습니다. 운동선수들에게 시각화가 특히 효과적인 이유는, 그들이 이미 동작의 느낌을 몸으로 알고 있기 때문입니다. 수년간의 훈련 덕분에 그들은 단순한 상상만으로도 실제 동작을 수행할 때와 동일한 신경 경로를 활성화할 수 있습니다. 예를 들어, 숙련된 농구 선수가 슛 동작을 상상하면 실제로 공을 던지는 것처럼 근육이 반응하여 근육 기억이 강화되고 기술이 더욱 향상됩니다.

　반면 운동 경험이 적은 사람들에게는 시각화의 효과가 상대적으로 약할 수 있습니다. 경험이 부족하면 수동적으로 상상하는 경우가 많기 때문입니다. 물론 이 경우에도 시각화가 어느 정도 도움을 줄 수 있지만 눈에 띄는 성과 향상으로 이어지기 어려울 수 있습니다.

　상상을 더 효과적으로 만드는 핵심은 '느낌'을 더하는 것입니다. 단순히 머릿속으로 장면을 떠올리는 데 그치지 않고 몸과 느낌까지 함께 참여시키는 것이 중요합니다. 느낌이 더해지면 상상은 훨씬 더 생생하고 현실처럼 느껴지며 상상 속 이미지에 에너지와 무게가 실립니다. 이처럼 느낌은 상상에 현실감을 불어넣어 목표 달성에 강력한 힘을 제공합니다.

바라는 것에서 존재하는 것으로

원하는 것을 상상할 때 중요한 것은 그 이미지가 개인적으로 의미 있고 공감이 가야 한다는 점입니다. 그래야 그 상상이 마음에 더욱 와닿고, 에너지가 증폭되어 더 현실적으로 느낄 수 있습니다.

　예를 들어, 직장에서 성공하는 것이 목표라면 단순히 승진이나 연봉 상승 같은 수치적인 성과를 떠올리는 것만으로는 크게 와닿지 않을 수 있습니다. 그러나 팀원들이 당신의 리더십을 존경하고, 동료들이 함께 일하는 것을 자랑스럽게 여기며, 모두가 함께 성공을 축하하는 순간을 상상한다면 훨씬 더 생생한 감정과 에너지를 느낄 수 있을 것입니다.

꿈꾸던 집을 마련하는 상상도 마찬가지입니다. 단순히 집의 크기, 위치, 가격 같은 조건만 떠올리면 그다지 마음에 와닿지 않을 수 있습니다. 하지만 새집에서 가족과 함께 따뜻한 저녁을 즐기고, 아늑한 거실에서 편안한 시간을 보내며, 아이들이 마당에서 즐겁게 뛰노는 모습을 떠올리면 훨씬 더 생동감 있고 실감이 날 것입니다. 개인적으로 의미 있는 장면을 상상할 때 그 상상은 더 깊고 풍부한 느낌과 연결됩니다.

단지 머릿속에서 장면을 떠올리는 것이 아니라 실제로 그 순간을 경험하고 있는 듯 생생하게 느끼는 것이 중요합니다. 상상이 단순한 이미지가 아니라 감각과 느낌을 동반할 때 에너지의 흐름으로 전환됩니다. 상상 속의 느낌은 에너지의 진동을 증폭시키는 열쇠입니다. 느낌이 강렬할수록 우리의 뇌와 몸은 그 상상을 실제 경험처럼 받아들이고 반응합니다. 즉, 당신은 이미 내면에서 그 목표를 경험하고 있는 것입니다.

상상할 때 목표 자체에만 집중하지 말고, 이미 그 목표를 이룬 사람이 된 것처럼 느껴보세요. 그때 당신은 어떤 기분일까요? 어떤 생각을 하고, 어떻게 행동할까요? 중요한 것은 단지 목표를 바라는 데 그치지 않고, 이미 그 목표를 이룬 사람처럼 존재하는 것입니다. 그 순간부터 당신의 에너지는 더 이상 '원하는 상태'가 아니라 이미 그 상태에 도달한 사람이 내는 에너지로 바뀌게 됩니다.

이는 자신감 있는 리더들이 신뢰를 얻는 방식과 비슷합니다. 그들은 억지로 신뢰를 얻으려 하지 않습니다. 이미 리더의 자질과 에너지를 자연스럽게 발산하기 때문에 주변 사람들이 신뢰합니다. 밝고 긍정적인 사람들에게 사람들이 자연스럽게 끌리는 이유도 마찬가지입니다. 그들이 이미 그런 에너지를 갖고 있기 때문입니다. 원하는 것이 있다면, 그것을 단순히 갈망하는 것이 아니라 이미 그 목표를 이룬 것처럼 느끼고 행동하는 것이 핵심입니다.

이러한 느낌과 진동은 당신을 목표에 맞게 변화시키고, 그 과정에서 필요한 상황과 기회를 끌어들이는 강력한 힘이 됩니다. 만약 경제적으로 풍요로운 삶을 원한다면 "돈이 많았으면 좋겠다"라고 막연히 바라지 마세요. 이미 풍요로운 삶을 살고 있는 자신을 상상하고, 그 속에서 느끼는 안정감과 자유로움을 지금 이 순간에 깊이 경험해 보세요. 창조적인 삶을 원한다면, 이미 창조적인 삶을 살고 있는 자신을 떠올리며 그 속에서 느낄 영감과 기쁨을 지금 이 순간에 생생하게 느껴보세요.

느낌의 진동이 강할수록 우리는 자연스럽게 그에 맞는 행동을 하게 되고, 그 과정에서 필요한 기회와 만남이 따라오게 됩니다. 느낌을 생생하게 경험할수록 뇌는 이미 원하는 삶을 살고 있다고 인식하며 이에 맞는 신호를 보내고 우리의 행동도 변화합니다. 중요한 것은 그 느낌을 계속 유지하며 목표를 상상하고, 그에 맞는 행동을 선택하고 실천하는 것입니다.

브레인폰을 활용한 상상 수련

브레인폰을 켜고, 원하는 목표가 이루어지는 상상을 함께 해보겠습니다. 우리의 내면에는 언제나 진실한 느낌이 진동으로 존재하며 브레인폰은 그것을 감지할 능력이 있습니다. 그러나 생각, 감정, 외부 자극이 넘쳐나면 브레인폰의 수신 감도가 떨어져 내면의 느낌을 명확히 인식하기 어려워집니다. 그래서 먼저 생각과 감정을 가라앉히고 감각을 고요하게 하는 시간이 필요합니다.

가장 먼저 해야 할 일은 외부에 집중되어 있던 의식을 내 몸과 내면으로 돌리는 것입니다. 즉, 브레인폰을 켜는 것입니다. 이를 위한 효과적인 방법은 몸에 자극을 주어 의식을 몸으로 집중시키는 것입니다. 우리의 의식은 자연스럽게 자극을 따라가기 때문입니다.

먼저 규칙적인 진동을 활용해 몸을 이완하는 간단한 운동을 합니다. 이어서 에너지를 느끼고, 깊은 호흡을 통해 생각과 감정을 차분히 가라앉힙니다. 이렇게 내면이 정돈된 상태에서 자신이 진정으로 원하는 것을 명확히 하고, 느낌을 활용해 원하는 것이 이루어지는 상상을 해보겠습니다.

상상은 단순히 머릿속으로 그림을 떠올리는 것이 아닙니다. 몸과 마음을 함께 사용하여 에너지를 목표와 연결하는 과정입니다. 두드리기, 호흡, 에너지 느끼기 수련처럼 상상 역시 생각과 느낌, 몸을 하나로 연결하며 브레인폰을 활성화합니다. 꾸준히 연습하면 상상력은 점점 강해지고, 다른 브레인 스포츠 활동처럼 시간이 지날수록 자연스럽게 숙달될 것입니다.

이제 신체 움직임, 에너지 감각, 정신 집중, 그리고 느낌을 결합하여 상상력을 강화하는 훈련을 시작해 보겠습니다. 이 훈련은 브레인폰이 최적의 상태로 작동하도록 돕고, 집중력을 높이며, 당신의 꿈을 현실로 이루는 힘을 키워줄 것입니다.

온몸 두드리기

다리를 어깨너비로 벌리고 편안하게 섭니다. 서 있는 것이 불편하면 의자나 바닥에 앉아서 할 수도 있습니다. 손목에 힘을 빼고, 손가락 끝을 세워서 머리 전체를 톡톡 두드립니다. 머리 꼭대기부터 좌우, 앞뒤, 이마, 볼, 턱, 귀 주위까지 골고루 자극을 줍니다. 두드릴 때 날숨과 함께 숨을 "후~" 하고 소리 내면서 내쉬면 이완하는 데 도움이 됩니다.

1. 왼손을 편안하게 몸 앞쪽으로 뻗고, 오른 손바닥으로 왼쪽 어깨와 왼팔 전체를 골고루 자유롭게 두드립니다. 이때 진동이 피부 표면에서 끝나는 것이 아니라 몸속 깊숙이 스며든다고 상상하며 두드릴 때 느껴지는 감각에 집중합니다.

무릎과 발목 사이에 용수철이 달린 것처럼 무릎을 위아래로 튕기며 몸 전체에 가벼운 진동을 주면서 두드리면 더 좋습니다. 손을 바꿔 왼 손바닥으로 오른쪽 팔과 어깨 곳곳을 같은 방식으로 두드립니다.

2. 양 손바닥으로 가슴 중앙과 좌우를 골고루 두드려 줍니다. 손의 위치를 자연스럽게 이동시키며, 가슴 전체에 부드럽고 리듬감 있게 자극을 줍니다. 무릎에 가벼운 반동을 주면서 두드립니다. 이어서 가슴 아래쪽 갈비뼈 부분을 좌우로 골고루 두드린 후, 아랫배로 이동합니다. 이제 아랫배 중앙을 먼저 두드린 후, 왼쪽과 오른쪽으로 손을 옮겨가며 전체적으로 자극합니다.

3. 다리로 이동해 자연스럽게 허벅지, 엉덩이, 종아리, 발목, 발까지 골고루 두드립니다. 허벅지 앞쪽뿐만 아니라 옆과 뒤까지 골고루 두드립니다. 두드릴 때 특정 부위에서 가벼운 통증, 따끔거림, 가려움, 열감이 느껴질 수 있습니다. 이는 정체되어 있던 몸의 에너지가 활성화되면서 나타나는 자연스러운 반응입니다. 이러한 감각들을 알아차리고 입으로는 계속 "후~" 하고 숨을 내쉬면서 계속 두드립니다.

4. 마지막으로 양 손바닥 또는 가볍게 쥔 주먹으로 아랫배를 집중적으로 두드립니다. 팔에 힘을 빼고 배꼽 바로 아래쪽을 충분히 자극할 정도로 리듬감 있게 두드립니다. 100회에서 300회 정도 반복하며 아랫배와 허리에 따뜻한 진동

과 에너지가 퍼져나가는 것을 느껴봅니다.

5. 두드리기를 마친 후에는 양 손바닥을 겹쳐 아랫배에 대고 시계방향으로 부드럽게 쓸어줍니다. 아랫배에 손을 얹은 채, 심호흡을 두세 번 하며 몸의 변화를 느껴봅니다.

발끝 부딪히기

온몸 두드리기를 마친 후에는 바닥에 앉아서 다리를 앞으로 쭉 뻗습니다. 양손으로 엉덩이 뒤쪽의 바닥을 편안하게 짚습니다. 다리를 모은 상태에서 양발 안쪽을 탁탁 소리가 날 정도로 가볍게 부딪힙니다. 엄지발가락이 서로 닿았다가 새끼발가락이 바닥에 살짝 닿는 느낌을 유지하며 자신에게 편안한 속도로 리듬감 있게 반복합니다.

고관절이나 허리가 많이 굳은 사람은 처음에는 이 동작이 어려울 수 있습니다. 그럴 경우 너무 무리하지 말고 30회 정도부터 시작합니다. 익숙해지면 최소 100회에서 300회 정도 반복하면 좋습니다. 힘들면 중간에 30초에서 1분 정도 잠시 쉬었다가 다시 반복해도 괜찮습니다. 동작하는 동안 입으로 숨을 내쉬면서 몸의 느낌에 집중합니다. 발끝의 진동이 점점 몸 전체로 퍼지는 것을 느끼며 편안하고 가볍게 동작을 이어갑니다.

발끝 부딪히기를 마친 후에는 바닥에 편안하게 눕습니다. 몸의 긴장을 풀고 발끝에서 시작된 진동이 몸 전체로 부드럽게 퍼져나가는 것을 느낍니다. 1분 정도 편안하게 호흡한 후 마무리

합니다.

에너지 느끼기와 호흡 명상

의자나 바닥에 앉아 허리를 바로 세웁니다. 의자에 앉은 경우 발바닥이 바닥에 닿도록 합니다. 양손을 가슴 높이로 들어 올리고 손목과 손가락, 어깨에 힘을 뺍니다. 양 손끝을 맞닿게 한 후 1분간 톡톡톡 가볍게 두드립니다. 그런 다음 양손을 벌려 손목을 좌우로 빠르게 1분간 흔듭니다. 이때 입으로 숨을 내쉬며 몸의 긴장을 풀어줍니다.

손바닥이 하늘을 향하도록 하여 양손을 무릎에서 약 30cm 정도 들어 올립니다. 팔꿈치가 몸에 닿지 않도록 몸통과 팔 사이의 간격을 살짝 벌려줍니다. 손바닥에 집중하며 양손을 천천히 시계방향으로 돌려봅니다. 이 과정에서 따뜻한 열감, 찌릿찌릿한 전류감, 묵직함 등이 느껴질 수 있습니다. 이 모든 것이 에너지의 느낌입니다.

손바닥에서 에너지가 더욱 선명하게 느껴지면 양손을 가슴 높이로 가져가 약 5cm 정도의 간격을 두고 마주 보게 합니다. 손바닥 사이의 간격을 천천히 벌렸다가 다시 좁히면서 손이 닿지 않도록 유지합니다. 이 동작을 3분 정도 반복하며 손 사이의 느낌에 집중합니다. 에너지 감각이 더욱 예민해지면 그 감각이 팔로 확장되는 것을 경험할 수도 있습니다. 마치 보이지 않는 긴장갑을 끼고 있거나 따뜻한 물속에서 손을 천천히 움직이는 듯한 느낌이 들 것입니다.

천천히 양손을 가슴 쪽으로 가져와 손바닥이 가슴을 향하게 하고, 손과 가슴 사이에 약 5cm 정도의 공간을 둡니다. 이 공간에 의식을 집중하면서 손에서 나오는 따뜻한 에너지가 가슴으로 스며들어 가슴이 열리고 확장되는 것을 느껴봅니다.

이제 양손을 무릎 위에 편안하게 내려놓고 자연스럽게 호흡합니다. 억지로 조절하려 하지 말고 들숨과 날숨의 흐름을 편안하게 따라갑니다. 시간이 흐를수록 가슴과 어깨의 긴장이 서서히 풀리고, 호흡이 점점 안정되면서 깊어지고, 몸 전체가 이완되는 것을 느낄 수 있습니다. 들이마시는 숨과 함께 가슴과 배가 부드럽게 확장되고, 내쉬는 숨과 함께 몸이 편안하게 가라앉습니다. 몸과 마음이 점점 가벼워지고 편안해질 것입니다. 이 상태에서 우리는 가슴 깊은 곳에서 울리는 순수한 진동을 더욱 선명하게 감지할 수 있습니다. 이 과정은 생각을 잠재우고, 감정을 고요하게 하며, 감각의 자극에서 벗어나 내면의 신호에 귀 기울이기 위한 것입니다.

이제 가슴에 집중하면 진동과 느낌을 감지할 수 있습니다. 이 공간에서 목표와 욕망을 되돌아보고 언어가 아닌 느낌을 통해 깊은 통찰을 얻을 수 있습니다. "이것이 내가 진정으로 원하는 것인가?" "이 목표를 통해 나는 어떤 느낌을 경험하고 싶은가?" 이러한 질문을 스스로에게 던져보세요. 말이 아니라 느낌과 감각으로 반응하는 내면의 상태에 주의를 기울이세요. 그런 다음

"이 목표를 이루기 위해 지금 내가 할 일은 무엇인가?"라고 자문해 보세요. 이제 당신의 뇌가 그 답을 찾아줄 것입니다.

느낌을 통해 상상의 힘 키우기

편안한 호흡을 유지하면서 이루고자 하는 목표를 떠올려 보세요. 이제 브레인폰의 상상 앱이 활성화되면서 눈앞에 커다란 3D 스크린이 펼쳐지는 모습을 상상합니다. 그 화면은 선명하고 생생하며, 마치 가상현실(VR) 속으로 들어간 것처럼 몰입감을 줍니다. 화면 속에서 이미 목표를 이룬 당신의 모습을 떠올려 보세요. 지금 그 장면을 실제로 경험하고 있는 것처럼 상상해 봅니다.

상상을 더욱 생생하게 만들기 위해 모든 감각을 활용해 보세요. 목표를 이루었을 때 가슴속에서 어떤 감정이 차오르나요? 주위 환경이 어떻게 펼쳐져 있나요? 지금 어떤 소리가 들리나요? 지금 당신 곁에 있는 사람들은 누구인가요? 그들과 나누는 대화나 표정, 순간의 분위기까지 최대한 구체적으로 상상해 보세요. 마치 지금 이 자리에서 그 장면이 펼쳐진 것처럼 몰입해 보세요. 목표를 이루었을 때 느낄 감정이 환희와 기쁨이든, 잔잔한 만족감과 평화로움이든, 가슴 깊은 데서 차오르는 그 느낌을 충분히 경험해 보세요. 그 감정이 가슴을 가득 채우며 따뜻한 진동이 온몸으로 퍼져나가는 것을 느껴봅니다. 이제 당신은 목표를 이미 성취한 자신이 되어 있습니다.

이제 두 손을 가슴 높이까지 들어 올리고, 손바닥이 정면을 향하도록 팔을 부드럽게 뻗어보세요. 가슴에 가득 차오른 에너지가 손끝으로 자연스럽게 흘러 나가는 것을 느껴봅니다. 당신의 가슴에서 퍼져 나오는 진동과 에너지가 손바닥을 통해 스크린 속의 목표와 이미 그 목표를 이룬 자신에게로 향하고 있습니다. 화면 속 장면이 점점 더 선명해지며 이미 목표가 이루어졌다는 깊은 확신이 온 마음을 채웁니다.

만약 목표를 이루는 과정에서 도움을 줄 사람이나 필요한 상황이 있다면, 그들도 스크린 속으로 초대해 보세요. 그들에게 감사의 마음을 담아 에너지를 보내며 당신을 도와준 것에 깊은 고마움을 전합니다. 이 에너지는 단순한 소망이 아니라 이미 실현된 결과를 향한 확신과 믿음의 진동을 품고 있습니다.

이제 이미 목표가 이루어진 것에 대한 감사로 마음을 가득 채워보세요. 감사의 에너지가 가슴 깊이 차오르며 당신의 진동이 더 강력해지는 것을 느껴보세요. 이 긍정적인 에너지는 목표를 이루는 강력한 힘이 되어 다시 당신에게 되돌아옵니다.

마무리할 준비가 되었다면 천천히 두 손을 무릎 위에 내려놓고 두세 차례 심호흡합니다. 양손을 뜨겁게 비빈 후, 손바닥으로 얼굴과 몸을 부드럽게 쓸어주며 수련을 마칩니다.

* * *

앞에서 소개한 온몸 두드리기부터 목표에 에너지를 보내는 단계까지, 각 단계를 충분한 여유를 두고 몰입하면 30분 이상 깊이 있는 수련이 가능합니다. 이 과정에 익숙해지면 5~10분 만에도 효과적으로 마칠 수 있습니다.

매일 아침과 저녁에 잠시 시간을 내어 브레인폰을 켜고 내면을 들여다보고 목표를 상상하는 시간을 가집니다. 아침에는 하루의 시작에 감사하며 오늘 이루고 싶은 목표를 뇌에 선명하게 새깁니다. 저녁에는 잠자리에 들기 전 다시 한번 목표를 떠올리고, 이미 목표가 이루어진 것에 대한 감사와 성취감으로 몸과 마음을 가득히 채웁니다.

이처럼 매일 아침저녁으로 반복하는 상상 루틴은 당신의 마음과 몸을 하나의 진동으로 정렬시켜, 목표를 이루는 데 필요한 기회와 사람들을 자연스럽게 끌어당기는 집중된 에너지를 만들어냅니다. 이 연습을 지속하면 내면의 느낌에 더 깊이 집중할 수 있게 되고, 그 느낌을 통해 상상력이 더욱 강력해집니다. 내면의 느낌은 뇌와 몸, 그리고 목표를 연결하는 핵심 에너지입니다. 내면의 느낌을 활용한 상상은 뇌와 몸을 실제로 변화시키며 우리가 원하는 삶에 한 걸음 더 가까이 다가서도록 돕습니다.

이제 다음 단계는 창조력입니다. 창조력은 아이디어를 구체적인 형태로 발전시키고 의도적인 행동을 통해 그것을 현실로 바꾸는 힘입니다. 다음 장에서는 창조력을 활성화하는 방법을 알아보겠습니다

6장

창조성을

되찾아라

많은 사람이 창조성을 기발한 아이디어를 내거나, 혁신적인 기술을 개발하거나, 예술 작품을 창작하는 특별한 능력으로 생각합니다. 창조성을 천재나 일부 특별한 사람들만의 자질로 여기기 때문에 스스로 창조적이지 않다고 믿는 경우가 많습니다.

그러나 창조성은 누구나 타고난 인간의 보편적인 특성이자 근본적인 욕구입니다. 우리는 삶의 모든 순간에서 자연스럽게 창조성을 발휘합니다. 일을 계획하고 해결하는 방식, 자기 외모와 공간을 꾸미는 스타일, 사람들과 소통하는 태도 등 먹고, 일하고, 놀고, 사랑하는 모든 일상이 우리의 창조성이 펼쳐지는 무대입니다.

인간은 보편적인 본성을 공유하면서도 각자 타고난 자신만의 고유한 특성이 있습니다. 생김새, 성격, 재능이 다를 뿐만 아니라 저마다 독특한 진동과 에너지를 지니고 있습니다. 창조성이란 바로 이 고유함을 세상에 드러내고, 자신이 누구인지를 자유롭게 표현하는 것입니다. 창조성을 키우기 위해서는 자기 자신을 깊이 이해하고 있는 그대로 솔직하게 표현하는 것이 중요합니다. 자기를 제대로 알고 인정할 때 내면에 잠재된 창조성이 자연스럽게 깨어납니다. 창조성은 특별한 능력이 아니라 진정한 나 자신으로 존재하는 것에서 비롯합니다.

자연 속의 생명체들은 본연의 특성에 따라 자기다움을 자연스럽게 드러냅니다. 장미는 장미답게 꽃을 피우고, 소나무는 소나무답게 자라납니다. 장미는 소나무처럼 자라려 애쓰지 않고, 소나무는 장미처럼 꽃을 피우려 하지 않습니다. 마찬가지로 인간도 각자의 고유한 가능성과 잠재력을 발견하고 자기다움을 실현하는 과정에서 진정한 창조성이 드러납니다.

브레인폰을 켜면 자기 내면과 연결되면서 고유한 창조성이 깨어납니다. 내면의 에너지가 활성화되고, 상상력이 더욱 풍부해지며, 자신만의 고유한 진동과 진정성을 모든 일에 자연스럽게 녹여낼 수 있습니다.

자신의 고유함을 찾고 표현할 때 일상의 모든 순간이 창조 행위로 바뀝니다. 설거지, 청소, 정원 가꾸기 같은 사소한 일조차 창조성을 통해 새로운 경험으로 바뀔 수 있습니다. 기존의 방식에서 벗어나 다르게 해보는 것뿐만 아니라 더 마음을 쓰고 정성을 들이는 것도 창조입니다. 같은 일을 하더라도 기분과 에너지

를 담아서 다르게 해보는 것 역시 창조입니다. 예를 들어, 화장
실 청소가 지루하게 느껴진다면 노래를 흥얼거리며 하거나 미
소를 지으며 해보는 것도 멋진 창조입니다. 작은 변화만으로도
평범하고 반복적인 일상이 새로운 감각과 의미를 주는 경험으
로 바뀔 수 있습니다.

브레인 스포츠는 삶의 모든 순간에 창조적 에너지를 더 의식
적으로, 적극적으로 끌어올리는 훈련입니다. 창조성은 특별한
순간에 우연히 찾아오는 영감이 아니라 매 순간 스스로 만들어
가는 것입니다. 일상의 모든 활동에 나만의 색깔을 더하고, 의미
와 가치를 스스로 부여하는 것이 곧 창조입니다.

브레인 스포츠를 실천하면 상상력이 자극되고 집중력이 향
상될 뿐만 아니라 평범한 일상에서도 영감을 발견하는 능력이
길러집니다. 창조성이 습관이 되면 반복적인 일상조차 나를 표
현하는 기회가 되고 새롭고 의미 있는 경험으로 변화합니다. 중
요한 것은 특별한 결과를 내는 데 집중하는 것이 아니라 매 순간
나만의 에너지를 담아 과정 자체를 즐기는 것입니다.

자연산 뇌 vs 양식산 뇌

우리의 뇌는 원래 자유롭게 상상하고 탐험하는 '자연산'으로 태
어났습니다. 이 자연산 뇌는 틀에 얽매이지 않은 자유로운 사고
와 호기심으로 가득 차 있습니다. 말 그대로 자연 그대로의 창

조적 에너지를 품고 있으며, 그 자체로 무한한 가능성의 세계입니다.

어린아이는 끊임없이 질문하고 실험하며 실패를 두려워하지 않고 새로운 가능성을 탐색합니다. 아이들에게 세상은 그야말로 거대한 실험실입니다. "이건 뭐야?" "저건 왜 그런 거야?" 끊임없이 질문을 던지며 궁금한 것이 있으면 즉각 시도해 봅니다. 종이와 연필만 있어도 한참을 즐겁게 놀고, 개미를 하루 종일 관찰하면서도 지루함을 느끼지 않습니다. 길가의 돌멩이도 소중한 보물이 되고, 빈 종이상자는 단숨에 멋진 성이나 우주선으로 변합니다. 아이들의 눈에는 세상의 모든 것이 창조의 놀이터이고, 한 줄기 무지개와 한 조각의 구름조차도 끝없는 호기심과 상상의 재료가 됩니다. 우리 또한 어린 시절에 그러했습니다.

그러나 세상은 우리의 뇌를 점차 '양식산'으로 바꾸어 놓습니다. 학교와 사회가 정해놓은 규칙과 기준을 받아들이면서 뇌의 창조적인 불꽃은 점점 사그라집니다. "이건 이렇게 해야 해." "이게 정답이야." 이런 말을 반복해서 들으며 우리는 틀리면 안 된다는 두려움을 배우게 됩니다. 정해진 틀 속에서 '정답'을 찾도록 훈련받고, 안정과 실용성을 우선하며, 실패를 피하는 법을 익혀나갑니다. 이렇게 길든 양식산 뇌는 규칙을 따르고, 익숙한 방식만 고집하며, 새로운 시도보다 검증된 안전한 선택을 선호합니다. 자유롭게 꿈꾸고 도전하던 창조적 에너지는 점점 사라지고, "이건 불가능할 거야." "이런 생각은 비현실적이야." 같은 자기 검열과 한계에 갇히게 됩니다.

자연산 뇌로 살아가면 삶의 매 순간이 흥미롭고 설레는 탐험이자 놀이가 됩니다. 매사에 호기심을 품고 새로운 것을 발견하는 즐거움 속에서 도전하고 성장합니다. 반면 양식산 뇌로 길들게 되면 삶은 의무와 책임으로 가득 찬 노동이 됩니다. 과정에서 오는 기쁨보다 결과와 성과에 집착하게 되고, 실패는 배움의 기회가 아닌 두려움의 대상이 됩니다.

창조성을 기른다는 것은 '새롭게 배워야 할' 무언가가 아니라, 잃어버린 본성을 다시 회복하는 과정에 가깝습니다. 다시 말해, 우리의 자연산 뇌를 되찾으면 되는 것입니다. 창조성의 불꽃을 되살리는 열쇠는 자기 내면과 연결되는 것입니다. 우리는 그 연결을 돕기 위해 브레인폰을 켜는 것입니다.

자연산 뇌의 감각을 되찾는 지름길은 외부에 집중된 주의를 내면으로 돌려 자기 생각, 감정, 느낌 등 내면의 경험을 더 깊이 인식하는 것입니다. 앞에서 언급한 표현을 빌리자면 '자신의 진동을 민감하게 감지하는 것'입니다. 우리의 마음은 끊임없이 다양한 생각과 감정이 일어났다가 사라지는 공간입니다. 마음에서 일어나는 생각과 감정을 분별하거나 억누르지 않고 조용히 관찰할 때, 우리는 자신을 더 깊이 이해하게 됩니다.

이런 과정을 통해 내가 진정으로 원하는 것이 무엇이고, 호기심을 자극하고 기쁨과 설렘을 주는 것이 무엇인지 알게 됩니다. 내면의 평화와 안정감을 주는 것이 무엇인지도 더욱 분명해짐니다. 때로는 원하는 것이 있으면서도 두려움 때문에 마음을 닫고 방어적으로 행동하고 있었다는 사실을 깨닫게 될 수도 있습니다.

창조성은 내가 원하는 내가 될 때 자연스럽게 발현됩니다. 다른 사람들이 원하는 내가 아닌 자신이 진정으로 원하는 나를 찾아갈 때 창조성의 불꽃이 재점화됩니다. 그리고 자신을 기쁘게 하고 동기를 부여하는 것을 발견할 때 사그라들었던 열정도 되살아납니다.

마음이 가는 것이 있다면 아무리 작은 것이라도 직접 선택하고 시도해 보는 것이 중요합니다. 그림을 그리고 싶다는 생각이 든다면 간단한 낙서부터 시작해 보고, 새로운 일을 해보고 싶다면 그 분야의 입문서나 영상을 찾아보는 것이 창조의 출발점이 됩니다.

창조성은 이처럼 스스로 선택한 경험에서 시작됩니다. 그리고 그 경험에서 얻은 배움을 바탕으로 또 다른 선택을 해나갈 때 끊임없는 창조가 일어납니다. 자신이 선택한 것을 주도적으로 시도하고 실천하는 과정에서 창조적 경험이 쌓이고 더 나은 선택을 할 수 있는 능력이 길러집니다.

선택과 실천, 그리고 그로 인한 성장이 반복되면서 창조성은 더욱 깊어지고 확장됩니다. 궁극적으로 진정한 창조란 내면의 느낌에 따라 주체적으로 선택하고, 그 선택을 통해 얻은 경험을 바탕으로 자신의 삶을 새롭게 발명해 나가는 과정입니다.

느낌까지 상상하라

창조성은 상상력, 집중력, 실행력이 조화를 이룰 때 꽃을 피웁니다. 이 세 가지 요소가 결합할 때, 아이디어는 현실이 되고 영감은 실질적인 변화로 이어집니다.

상상력은 창조의 시작입니다. 새로운 가능성을 탐색하고 아직 존재하지 않는 것을 그려보는 불꽃과 같습니다. 집중력은 이 불꽃을 구체적인 형태로 다듬어 아이디어에 명확성과 방향을 부여합니다. 마지막으로 실행력은 이러한 아이디어를 실제로 구현하여 의미 있는 결과물로 만듭니다. 이 중 하나라도 부족하면 창조성은 완성되지 않습니다. 상상력이 없다면 창조성은 연료를 얻지 못하고, 집중력과 실행력이 없다면 아이디어는 현실로 성장할 수 없습니다.

브레인폰을 켜면 상상력이 강력하게 활성화됩니다. 자기 내면의 느낌과 욕구에 집중하면서 원하는 바를 더욱 선명하고 구체적으로 그릴 수 있도록 돕습니다. 브레인폰은 창조성과 이를 현실화하는 과정을 이어주는 다리 역할을 합니다.

이 과정은 자신이 진정으로 원하는 것이 무엇인지 파악하고, 목표를 명확하게 설정하는 것에서 시작됩니다. 목표를 정할 때는 다른 사람이나 사회적 기준이 아닌 자신의 '내면 느낌'에 집중해 보세요. 앞서 강조했듯이 내면의 느낌과 연결되는 것이 상상력을 온전히 발휘하는 핵심 열쇠입니다. 상상력을 강화하려면, 목표가 이미 이루어진 것처럼 생생하게 시각화하는 연습을 하세요. 세부적인 장면을 떠올리고 오감을 활용해 목표를 달성했을 때의 느낌을 깊이 경험해 보는 것입니다. 이러한 연습은 상상력을 성장의 강력한 도구로 바꿔줍니다. 원하는 결과를 더 생생하게 상상할수록 이를 현실화하기 위한 집중력과 실행력도 더 커집니다.

브레인폰을 활용하면 우리 뇌는 내면뿐만 아니라 세상과 우주에 존재하는 방대한 정보와 직관적으로 연결될 수 있습니다. 마치 필요할 때마다 무한한 지혜의 데이터베이스에 접속하는 것과 같습니다. 이 과정에서 우리는 평소에는 상관없어 보였던 것들이 새로운 의미를 갖고 연결되는 경험을 하게 됩니다. 예를 들어, 어릴 적 들었던 이야기가 현재 고민하는 문제의 해결책이 될 수도 있고, 우연히 본 장면이나 누군가의 한마디가 강력한 영감을 줄 수도 있습니다. 마치 퍼즐 조각이 맞춰지듯 경험과 정보들이 새로운 방식으로 연결되며 신선한 아이디어나 창조적인 해결책이 떠오릅니다.

매일 몇 분이라도 브레인폰을 활용해 앞에서 소개한 상상력 훈련을 해보세요. 꾸준히 연습하면 상상력이 점점 뚜렷하고 정교해집니다. 여기에 집중력과 실행력이 더해지면, 당신이 품고 있는 가장 담대한 꿈과 놀라운 아이디어도 현실이 될 수 있습니다.

브레인폰 지혜 명상

상상력은 창조성을 깨우는 강력한 열쇠입니다. 특히 내면의 지혜와 직관과 연결될 때 그 힘은 더욱 강해집니다. 지금부터 상상력을 활용해 통찰과 직관을 깨우는 '브레인폰 지혜 명상'을 소개합니다. 이 명상은 어려운 문제를 해결하고자 할 때, 깊은 통찰력을 얻고자 할 때, 내면의 지혜와 조화를 이루는 답을 얻고 싶을 때 강력한 영감을 줄 수 있습니다.

마음을 차분히 가라앉히고 내면에 집중합니다. 해결하고자 하는 문제를 떠올려 보세요. 때로는 이렇게 문제에 집중하는 것만으로도 답을 얻거나 해결책을 찾을 수 있습니다. 그러나 여전히 막막하다면 브레인폰에서 지혜로운 존재와 대화를 나누는 모습을 상상해 보세요.

이 지혜로운 존재는 다양한 형태로 나타날 수 있습니다. 현재의 당신보다 훨씬 더 지혜롭고 현명한 내면의 자아일 수도 있고, 우주의 창조적 에너지를 상징하는 절대적 존재일 수도 있습니다. 만약 특정 분야의 문제를 해결하고자 한다면 그 분야에서 뛰어난 역사적 인물과 연결하는 것도 좋습니다. 예를 들어, 물리학 분야라면 아인슈타인, 음악 분야라면 모차르트와 대화하는 모습을 상상하는 것입니다. 또한 허구의 인물과 대화하는 상상도 가능합니다. 〈스타워즈〉의 요다나 〈반지의 제왕〉의 간달프처럼 영화 속 현명한 존재를 떠올려 보는 것입니다. 또는 당신에게 지혜와 용기를 주는 멘토나 사랑하는 가족과 대화한다고 생각해도 좋습니다.

이제 브레인폰을 켜보세요. 상상 속에서 버튼을 눌러 지혜로운 존재에게 전화를 겁니다. 전화벨이 울리면 그들이 따뜻하고 반가운 목소리로 전화를 받습니다. 마치 오래전부터 당신을 기다려온 듯 진심 어린 조언을 할 준비가 되어 있는 느낌입니다. 그들의 존재가 점점 더 생생하게 다가옵니다. 머릿속에 모습이 또렷이 떠오르거나 목소리가 깊이 울려 퍼지는 느낌이 들 수도 있습니다. 이제 편안하게 마음을 열고 고민을 털어놓으세요. 당신을 완전히 이해하고 조건 없이 지지하는 존재와 이야기를 나누는 것처럼 자연스럽게 대화를 시도해 보세요. 주변에 아무도 없다면, 소리 내 말해보는 것도 좋습니다.

그들은 당신의 이야기에 온전히 집중해서 경청한 후 신중하고 지혜로운 조언을 건넵니다. 그 조언은 분명한 말로 들릴 수도 있고 따뜻한 느낌, 영감, 확신 같은 형태일 수도 있습니다. 어떤 방식이든 열린 마음으로 받아들이고 그 메시지가 당신에게 자신감과 방향성을 줄 수 있도록 하세요. 과정 자체를 신뢰하고 그들의 지혜가 당신을 안내할 것이라 믿으세요.

이 명상은 마치 외부에서 조언을 얻는 것처럼 느껴질 수도 있습니다. 하지만 그 지혜로운 존재는 결국 당신의 내면 깊숙한 곳에서 직관과 지혜를 이끄는 도구일 뿐입니다. 답은 언제나 우리 안에 있습니다. 외부로 향해 있던 시선을 내면으로 돌려 조용히 집중하는 시간이 필요할 뿐입니다. 브레인폰을 켜고 내면의 목소리에 귀를 기울여 보세요. 그 안에서 답을 찾게 될 것입니다.

집중력을 유지하라

창조성은 자유롭고 유연한 사고에서 시작됩니다. 그러나 아이디어를 실제로 구현하고 실행하려면 집중력이 필요합니다. 창조적 영감은 종종 순간적으로 스쳐 지나가기 때문에 이를 구체화하고 현실로 만들려면 지속적인 몰입이 필수입니다. 집중력은 아이디어가 흩어지지 않도록 붙잡아 더욱 발전시켜 나가는 힘입니다. 또한 불필요한 잡념과 외부의 방해 요소를 차단하고 한 가지 목표에 몰두할 수 있도록 도와줍니다.

이때 브레인폰을 활성화하면 외부의 소음에서 벗어나 내면에 집중함으로써 중요한 일에 몰입할 수 있습니다. 이를 통해 목표를 선명하게 정리하고, 해야 할 일을 우선순위에 맞게 조정하며, 에너지를 의미 있는 행동으로 전환할 수 있습니다.

집중력은 상상력에 이어 창조성의 두 번째 기둥이며, 가능성을 현실로 만드는 중요한 연결고리입니다. 이제 집중력 강화를 돕는 브레인 스포츠 활동 몇 가지를 소개하겠습니다.

이완된 집중

일반적으로 우리는 집중할 때는 긴장하고 이완할 때는 산만해지기 쉽다고 생각합니다. 그러나 몸과 마음이 편안한 상태에서는 한 가지 대상에 깊이 주의를 기울일 수 있는 '이완된 집중' 상태에 도달할 수 있습니다. 이 상태에서는 집중력이 더욱 섬세하고 오랫동안 유지되어 평소보다 더 깊고 안정된 집중이 가능해집니다.

우리가 무언가에 집중할 때 그 속에는 종종 긴장, 기대, 성과 욕심, 잘하고 싶은 마음, 실패에 대한 불안 등이 뒤섞여 있습니다. 이러한 감정들은 집중을 방해하고, 집중력을 온전히 발휘하지 못하게 만듭니다. 반면 이완된 집중 상태에서는 이러한 '마음의 찌꺼기'가 제거된 순수한 집중이 가능합니다. 일반적인 집중은 시간이 지나면 쉽게 피로감을 느끼게 되지만, 이완된 상태에서의 집중은 깊이 몰입하더라도 심신의 피로가 훨씬 덜해 지속적인 집중이 가능합니다.

이완된 집중을 훈련하는 데 효과적인 방법은 앞에서 소개한 에너지를 느끼는 연습입니다. 몸을 편안하게 이완하면서도 에너지의 미세한 흐름에 주의를 기울이는 과정에서 자연스럽게 몸의 긴장이 풀리면서 집중이 유지됩니다. 몸에서 느껴지는 열감, 진동, 전류감 같은 에너지 감각들은 집중이 흐트러지지 않도록 돕고 내면의 안정감을 유지해 줍니다.

호흡 명상도 집중력을 효과적으로 높일 수 있습니다. 단순하고 반복적인 호흡에 주의를 기울이는 것만으로 마음은 산만함에서 벗어나 한 가지에 집중할 수 있는 상태로 조율됩니다. 또한 호흡 명상은 뇌파를 안정시키고, 신경계를 진정시켜 긴장과 불안을 줄여주며, 집중력을 높이는 데 도움을 줍니다. 이제 누구나 쉽게 따라 할 수 있는 간단한 호흡 명상을 소개합니다.

*

의자나 바닥에 편안하게 앉아 허리를 곧게 폅니다. 어깨와 목의 긴장을 풀고, 손은 무릎 위에 편하게 올려놓습니다. 눈은 가볍게 감거나 반쯤 떠도 좋습니다. 호흡에 집중하며 천천히 코로 숨을 들이마시고 입으로 부드럽게 내쉽니다. 공기가 폐로 들어오고 나가는 느낌에 주의를 기울이세요. 호흡을 억지로 조절하지 말고 자연스럽고 편안한 리듬을 따라가며 들고나는 숨에 집중합니다.

들이마시고 내쉴 때, 콧구멍을 지나는 공기의 느낌이나 가슴과 배가 팽창하고 수축하는 느낌에 주의를 기울이세요. 생각이나 잡념이 떠오르면 억누르거나 붙잡으려 하지 말고 그저 자연스럽게 지나가도록 두세요. 생각이 떠오를 때마다 다시 호흡으로 주의를 돌립니다. 호흡에 집중하다 보면 잡념이 줄어들고 내면이 고요해지는 것을 느낄 수 있습니다.

호흡에 집중하는 것이 익숙해지면 호흡수를 세면서 단계를 높여보세요. 한 번 숨을 들이마시고 내쉬는 것을 한 호흡으로 간주합니다. 중간에 집중이 흐트러지지 않도록 계속 숫자를 세어보세요. 처음에는 생각이 끼어들거나 숫자를 잊어버려 10회 이상 세기가 어려울 수도 있습니다. 하지만 이는 정상적인 현상입니다. 처음에는 10회나 20회를 목표로 시작하고 익숙해지면 30회, 50회, 100회까지 늘려보세요.

한 번에 100회의 호흡을 끊지 않고 세는 것은 집중력을 훈련하는 훌륭한 방법입니다. 호흡 속도에 따라 10~20분 정도 걸리는데, 이를 달성하면 높은 수준의 집중력을 갖췄다고 볼 수 있습니다. 특히 호흡에 온전히 주의를 기울이며 끊지 않고 100회를 세는 것은 많은 이들에게 쉽지 않은 도전이지만, 잡념을 줄이고 깊은 몰입 상태로 들어가는 데 큰 도움을 줍니다.

*

이런 연습을 꾸준히 하면 이완된 집중 상태로 쉽게 들어갈 수 있으며, 일상에서도 이를 유지할 수 있습니다. 업무나 공부, 창의적인 활동에서도 에너지를 덜 소모하면서 더욱 효과적으로 몰입할 수 있습니다. 또한 집중력이 향상될 뿐만 아니라 차분하고 안정된 마음 상태를 오랫동안 유지할 수 있습니다.

브레인폰의 집중모드 켜기

집중력은 단순히 하나의 대상에 주의를 기울이는 것뿐만 아니라 외부의 자극이나 잡념을 차단하는 능력도 포함됩니다. 이러한 방해 요소를 줄이면 몰입 상태를 유지할 수 있으며 중요한 일에 더욱 효과적으로 집중할 수 있습니다.

주의가 자주 흐트러지고 외부 자극에 쉽게 휩쓸리는 경향이 있다면 브레인폰의 집중 모드를 활성화하여 다시 집중해 보세요. 이는 마치 집중해야 할 때 스마트폰의 알림을 끄는 것과 비슷합니다. 먼저 브레인폰을 켜고 집중 모드로 설정합니다. 집중을 방해하는 요소가 나타날 때마다 스마트폰에서 알림을 손가락으로 밀어서 끄듯이 방해 요소를 차단하는 모습을 떠올립니다. 마음이 산만해질 때 '집중' 버튼을 누르거나 방해 요소를 손으로 밀어내는 모습을 상상해 보세요. 또는 "멈춰!" 혹은 "꺼!" 라고 소리 내 말해도 좋습니다. 이런 간단한 행동은 뇌에 집중할 시간이라는 신호를 보내고, 방해 요소를 걸러내어 작업에 더욱 몰입할 수 있도록 도와줍니다.

또한 시간을 정해 집중하는 연습을 하면 더 효과적입니다. 예를 들어, 타이머를 20~30분으로 설정하고 그 시간 동안 한 가지 일에만 집중하는 방식입니다. 타이머가 울리면 짧게 휴식을 취한 후 다시 집중하는 과정을 반복합니다. 이런 방법을 브레인폰의 집중 모드와 함께 활용하면 집중력을 높이고 방해 요소를 차단하는 능력을 더욱 강화할 수 있습니다.

브레인폰의 집중 모드를 시각화하고 활성화하는 연습을 지속하면 점점 더 쉽게 깊은 집중 상태에 들어갈 수 있습니다. 꾸준히 실천하면 오랜 시간 집중력을 유지할 수 있고, 방해 요소에 휘둘리지 않으며, 확실한 목표 의식을 가지고 더 명확하게 사고하며 일할 수 있게 될 것입니다.

꾸준히 실행하라

창조성은 단순히 아이디어를 떠올리는 것으로 끝나지 않습니다. 창조의 진정한 힘은 그 아이디어를 현실로 바꾸는 실행력에 있습니다. 아무리 뛰어난 아이디어도 머릿속에만 머문다면 의미가 없습니다. 행동이 있어야 상상이 현실이 되고 생각이 구체적인 결과로 이어질 수 있습니다.

작은 행동이라도 꾸준히 실천하면 아이디어는 생명력을 얻고 목표에 한 걸음씩 다가갈 수 있습니다. 처음부터 완벽하게 하려는 부담을 내려놓으세요. 중요한 것은 끈기 있게 나아가며 배우고 성장하고 변화에 적응하는 것입니다. 창조는 가능성을 상상하는 데서 시작되지만 그것을 현실로 이루어가는 과정에서 비로소 완성됩니다.

근성과 끈기의 힘

우공이산愚公移山이라는 중국의 고사성어가 있습니다. 90세의 노인 우공은 집 앞에 자리한 두 개의 큰 산 때문에 늘 돌아가야 하는 불편을 겪고 있었습니다. 어느 날 그는 대담한 결심을 합니다. 산을 직접 옮겨 집 앞을 평평하게 만들겠다고 마음먹은 것입니다.

다음 날부터 우공과 그의 자손들은 삽을 들고 산을 파기 시작했습니다. 파낸 흙과 돌은 멀리 바다로 가져다 버렸습니다. 이를 본 친구가 만류하며 말했습니다. "자네는 산을 허물기도 전에 죽을 텐데, 이 큰 산을 언제 다 옮긴다고 고생하는가?" 우공은 흔들림 없이 답했습니다. "내가 죽더라도 자자손손 일하는 손이 끊이지 않는다면, 산은 지금보다 조금도 커지지 않을 것이네. 그러니 언젠가는 두 산을 다 옮길 수 있지 않겠는가?" 우공의 우직한 끈기에 감명받은 이웃들도 돕기 시작했고, 결국 하늘도 감동했습니다. 옥황상제는 신들에게 명하여 하룻밤 만에 두 산을 치워 주었고, 우공의 집 앞에는 마침내 평평한 길이 생겼습니다.

비슷한 이야기가 북아메리카 원주민들에게도 전해집니다. 가뭄이 들면 부족의 사람들이 모여 춤을 추며 기우제를 지냈는데, 놀랍게도 그들이 춤을 추면 언제나 비가 내렸다고 합니다. 어느 날, 한 젊은이가 부족의 원로에게 물었습니다. "어떻게 하면 그렇게 비를 내리게 할 수 있습니까?" 그러자 원로가 대답했습니다. "비가 올 때까지 춤을 추니까."

우공과 북아메리카 인디언들의 이야기는 포기를 모르는 우직한 끈기와 근성의 힘을 보여줍니다. 실행력의 비밀은 근성과 끈기에 있습니다. 포기하지 않으면 높은 산도 언젠가 다 옮길 수 있고, 비가 올 때까지 춤을 멈추지 않는 의지가 결국 원하는 결과를 만들어냅니다.

앤절라 더크워스는 '근성(Grit)'에 관한 연구로 유명한 미국의 심리학자입니다. 그녀는 근성을 장기적인 목표를 향한 '열정'과 끈질긴 '인내'의 결합이라고 설명합니다. 근성은 단지 같은 일을 오랫동안 지속하는 지구력과는 다릅니다. 근성은 명확한 목표를 가지고 나아가면서 스스로 성장하고 있다는 믿음을 가진 사람에게서 나타나는 힘입니다. 근성이 있는 사람은 타인의 인정에 의존하지 않고, 스스로 동기부여 하며 끝까지 포기하지 않습니다.

더크워스는 근성이 재능이나 IQ보다 더 중요한 성공 예측 지표라고 밝혔습니다. 아무리 재능이 뛰어나도 끈기와 지속적인 노력이 없다면 장기적인 성공을 보장할 수 없습니다. 근성이 강한 사람들은 실패나 좌절이 닥쳐도 쉽게 포기하지 않으며, 도전이 클수록 더욱 강한 추진력을 발휘합니다. 누구나 처음에는 열정적으로 시작할 수 있습니다. 하지만 어려움에 부딪혔을 때 그 열정을 유지하는 것은 쉽지 않습니다. 근성이란 바로 그 힘든 순간에도 포기하지 않고 끝까지 밀고 나아가는 힘입니다.

신경과학자들에 따르면, 끈기와 근성은 뇌의 변화를 촉진하여 문제 해결 능력과 정서적 회복력을 높이는 데 중요한 역할을 합니다. 우리 뇌는 '가소성'이라는 특성이 있어 경험을 통해 끊임없이 변화하고 적응합니다. 단순한 반복은 흥미를 잃게 하고 집중력과 학습 효율을 떨어뜨릴 수 있습니다. 하지만 근성을 가지고 목표를 향해 끊임없이 도전하는 반복은 뇌의 신경 회로를 더 강력하고 효율적으로 만듭니다. 이 과정에서 뇌는 학습과 성장을 위한 역량을 극대화하며, 복잡한 문제를 해결하고 변화에 적응하는 능력을 강화합니다.

또한 근성과 끈기는 뇌의 보상 시스템을 자극하여 도파민을 분비하게 합니다. 여기서 중요한 점은 단순한 인내가 아니라 '명확한 목표를 향해 나아가고 있다'라는 주관적인 확신과 느낌입니다. 이 느낌이 도파민 분비를 활성화하여 성취감을 주고, 행동을 지속할 수 있는 강력한 내적 동기를 줍니다.

근성과 끈기를 요구하는 일은 대개 도전적이며, 몸과 마음에 상당한 스트레스를 줍니다. 그러나 적정 수준의 스트레스는 우리 뇌를 강하게 만듭니다. 끈기와 근성을 단련하는 과정에서 뇌는 점점 더 효율적으로 문제를 해결하고, 스트레스에 대한 저항력을 키워 나갑니다. 이러한 훈련을 통해 우리는 더 강하고 안정적인 사고력을 갖추게 됩니다.

이처럼 목표를 정하고 스스로 동기를 부여하며, 근성과 끈기를 가지고 나아가는 과정에서 뇌는 실제로 변화합니다. 신경 회로가 강화되고, 사고력과 회복력이 높아지며, 도전적인 상황에서도 더 효과적으로 적응할 수 있게 됩니다. 근성과 끈기는 단순한 성격적 특성이 아닙니다. 뇌를 단련하고 원하는 것을 이루는 데 필요한 능력과 힘을 길러주는 강력한 원동력입니다.

근성의 재발견

혹시 스스로 '나는 원래 근성과 끈기가 부족해.'라고 생각하고 있다면, 걸음마를 떼던 순간을 떠올려 보세요. 아기들은 대부분 생후 9~18개월 사이에 걷기를 시작합니다. 하지만 그 과정은 수 없이 넘어지고 다시 일어서는 반복의 연속입니다. 하루에도 수십 번씩 넘어지고 또 일어서기를 반복하며, 몇 주에서 몇 달 동안 수천 번의 시도 끝에 마침내 걷는 데 성공합니다.

대부분이 이 어려운 과업을 해내지만 우리는 이것이 끈기와 근성의 강력한 증거라는 사실을 잊고 살아갑니다. 사실 우리는 모두 이미 아기 때부터 목표를 향해 도전했고, 매번 조금씩 나아지는 변화를 경험하며 절대 포기하지 않았습니다. 또한 주변의 응원과 격려 속에서 더 많은 시도를 이어 나갔습니다. 이 과정에서 우리는 걷는 법뿐만 아니라 참을성, 자기조절, 학습 능력 같은 중요한 자질도 함께 익혔습니다.

사실, 당신은 끈기가 부족한 사람이 아닙니다. 걷는 것뿐만 아니라 말하는 법, 젓가락질, 자전거 타기, 신발 끈 묶기, 글쓰기, 운전 등 삶의 필수적인 기술들을 모두 근성과 끈기를 통해 배웠습니다. 우리는 끈기가 없는 것이 아닙니다. 빠르게 변화하는 환경과 즉각적인 반응을 추구하는 문화에 익숙해진 나머지, 타고난 근성과 끈기를 충분히 활용하지 않게 되었을 뿐입니다.

그러니 새로운 기술을 배우거나 목표를 달성하려 할 때, 성공과 실패를 너무 섣부르게 판단하지 마세요. 근성과 끈기는 넘어지지 않는 것이 아니라 넘어져도 다시 일어서는 힘입니다. 장애물이 나타나고 의심의 눈빛이 따라와도 흔들리지 않고 목표를 향해 꾸준히 나아가는 힘입니다.

근성과 끈기는 불가능해 보이는 것을 현실로 바꾸는 힘이 있습니다. 꿈은 성취로, 장애는 기회로, 평범한 개인은 위대한 성공 스토리를 가진 사람으로 변화합니다. 우리가 직면하는 모든 도전은 근성과 끈기라는 뇌의 근육을 강화할 기회입니다. 그리고 이 과정에서 겪는 실패는 종착점이 아니라 성장과 배움의 과정일 뿐입니다.

'왜'와 '어떻게'에 사로잡히지 마라

우리는 어떤 일을 하기로 결심할 때, "왜?"와 "어떻게?"라는 질문에 사로잡히기 쉽습니다. 하지만 이 질문을 지나치게 반복하면 생각이 많아지고 분석이 지나쳐 오히려 행동으로 옮기기 어려워집니다.

우리는 종종 자신의 선택을 정당화하기 위해 '왜'라는 질문을 던집니다. 때로는 타인뿐만 아니라 스스로에게도 이유를 설명하려 합니다. 하지만 무언가를 진정으로 원하거나 강한 열망이 있을 때는 이유를 묻지 않고 그냥 행동으로 옮깁니다.

뇌과학자 안토니오 다마지오의 연구에 따르면, 우리가 내놓는 '왜'에 대한 답은 논리적인 것처럼 보여도 사실은 이미 느낌에 따라 내린 결정을 설명하기 위한 경우가 많다고 합니다. 우리는 먼저 느낌으로 선택하고, 그 선택을 정당화하기 위해 이유를 만들어낸다는 것입니다.

타인에게 영향을 미치는 중요한 결정을 내릴 때는 논리적인 이유가 필요할 수도 있습니다. 하지만 개인적인 선택에서는 그냥 원한다는 것만으로도 충분한 이유가 될 수 있습니다. '왜'에 대해 지나치게 고민하면 망설이게 되고, 실행으로 옮길 에너지와 열정이 사라져 결국 미루게 됩니다.

'어떻게'도 마찬가지입니다. 인생에서 중요한 배움과 경험은 미리 모든 것을 완벽히 계획한 후에 얻어지는 것이 아닙니다. 아기가 처음 걸음을 뗄 때 어떻게 걸어야 할지를 미리 알고 시작하는 것이 아닙니다. 그냥 시도하고 넘어지고 다시 일어나면서 배웁니다.

생각이 많아질 때는 작은 것부터 시작해 보세요. 지금 할 수 있는 일부터 행동에 옮겨보세요. 움직이다 보면 '이유'도 분명해지고 '방법'도 경험을 통해 자연스럽게 해결됩니다. 그렇다고 '왜'와 '어떻게'가 필요 없다는 뜻은 아닙니다. 다만 그 질문들에 너무 얽매이지 말라는 것입니다. 논리적인 이유나 구체적인 계획이 없어도 마음 깊이 원하는 것이 있고 가슴 속에서 강한 느낌이 든다면, 너무 재거나 망설이지 말고 시도해 보세요. 완벽한 답을 찾으려고 애쓰기보다 호기심과 기대감으로 첫걸음을 내디뎌 보세요.

내적인 통합에 도달하라

지금까지 창조력을 높이는 핵심 요소로 상상력, 집중력, 실행력을 살펴보고 브레인폰을 통해 이러한 능력을 어떻게 향상할 수 있을지 이야기했습니다. 그런데 그 외에 아주 중요한 요소가 하나 더 있습니다. 바로 생각과 느낌, 행동을 일치시켜 내적인 통합을 이루는 것입니다.

당신이 해야 한다고 생각하는 일, 그에 대한 느낌, 그리고 실제 행동이 얼마나 조화를 이루고 있는지 돌아본 적이 있습니까? 이 세 가지가 한 방향으로 정렬되어 있느냐, 서로 따로 움직이고 있느냐에 따라 창조의 결과는 크게 달라집니다. 해야 한다는 것을 머리로는 알고 있지만, 귀찮거나 부담스럽거나 때로는 두려워서 피하고 싶었던 적이 있을 겁니다. 이런 상태에서는 일이 손에 잡히지 않아 자꾸 미루게 되고, 결국 불안과 스트레스만 커지게 됩니다.

예를 들어, 건강을 위해 매일 아침 운동을 하기로 결심했지만, 막상 아침이 되면 귀찮고 피곤하게 느껴진다고 가정해 보세요. 그럴 때는 운동복을 입고 밖으로 나가는 대신 다시 침대에 눕거나 소파에 앉아 TV를 보기 쉽습니다. 건강을 챙기고 싶은 마음은 있지만, 느낌은 반대로 움직이며 결국 행동도 목표와 어긋나게 됩니다. 이런 상태가 반복되면 내적인 갈등과 좌절감을 느끼고 목표를 이루지 못한 데 대한 실망감만 커집니다.

생각, 느낌, 행동이 일치하지 않을 때 에너지는 흩어집니다. 목표를 향해 나아가기보다 제자리걸음만 하게 됩니다. 마치 삼두마차를 모는데 세 마리의 말이 각기 다른 방향으로 가려고 하는 것과 같습니다. 에너지만 낭비될 뿐 결국 더 지치고 스트레스만 쌓이게 됩니다.

반면 생각, 느낌, 행동이 조화를 이루면 내면의 안정감과 진정성을 회복하고 목표를 향해 더 효과적으로 에너지를 집중할 수 있습니다. 그리고 긍정적인 변화를 창조하고, 진정으로 원하는 삶을 살아갈 실질적인 힘을 얻게 됩니다.

앞서 살펴본 것처럼 세상의 모든 것에는 고유한 진동이 있습니다. 뇌, 가슴, 몸도 각기 고유한 진동을 발산합니다. 그런데 생각, 느낌, 행동이 일치하지 않는다는 것은 곧 뇌와 가슴, 몸이 서로 다른 진동을 내고 있다는 뜻입니다. 조화롭지 않은 파동은 불협화음을 만들어내고 그 결과 우리는 혼란과 좌절, 내적 갈등을 겪게 됩니다. 자신이 진정성을 잃은 것처럼 느껴지고, 자존감이 낮아지며, 삶이 공허하게 느껴지는 것도 바로 이 때문입니다.

우리가 마음속 깊이 원하는 것이 있는데도 두려움 때문에 포기하거나 부인할 때 내적 갈등이 커집니다. 뇌는 목표를 향해 나아가려 하지만, 가슴은 불안과 두려움으로 제동을 걸고, 몸은 끝내 행동에 나서지 않는 내적 충돌이 일어납니다.

생각·느낌·행동이 일치하지 않으면, 즉 뇌·가슴·몸의 진동이 조화를 이루지 못하면 우리 자신뿐만 아니라 주변 사람들까지 혼란스럽게 만듭니다. 우주가 피드백을 주려 해도 우리가 원하는 것이 명확하지 않다면 도울 방법이 없습니다. 뇌의 창조적 에너지를 제대로 활용하려면 생각·느낌·행동이 조화를 이루고, 뇌·가슴·몸이 같은 진동을 내야 합니다.

내적인 통합을 이루는 첫걸음은 자신이 '원한다고 생각하는 것'이나 '원해야 한다고 강요받은 것'이 아닌 '내가 진정으로 원하는 것'이 무엇인지 찾아내는 것입니다. 이를 위해서는 내면의 느낌을 따르고, 그 느낌에 집중하며, 그것과 공명하는 행동을 실천하는 것이 중요합니다. 이 과정을 통해 우리는 내면의 느낌을 명확히 하고 점점 더 확장해 나갈 수 있습니다. 생각, 느낌, 행동의 일치는 자기다움을 유지하고 실현하는 창조성의 핵심 열쇠입니다.

브레인폰을 켜고 자기 내면을 깊이 들여다보며 진짜 원하는 것이 무엇인지 귀 기울여 보세요. 내면의 느낌과 연결하고 자신의 진솔한 욕구를 찾아내 그것과 조화를 이루는 행동을 선택하는 연습을 해보세요. 브레인 스포츠를 실천하면 이 과정이 더욱 강화됩니다. 집중력과 몰입을 키우는 훈련을 통해 에너지를 한곳에 모으고 자신의 의도를 더욱 분명하게 다듬을 수 있습니다.

종종 사람들이 삶의 방향을 잃거나 목표를 포기하는 이유는 단지 환경이 불리하거나 장애물이 생겼기 때문이 아닙니다. 처음에 가졌던 그 느낌과 단절되었기 때문입니다. 흔히 열정이 식었다거나 흥미를 잃었다고 표현하지만 결국 같은 의미입니다. 환경이 어렵거나 예상치 못한 장애물이 나타나더라도 처음에 가졌던 느낌과 연결을 계속 유지할 때, 어떤 상황에서도 흔들리지 않고 목표를 향해 나아갈 수 있는 강한 에너지를 얻을 수 있습니다.

생각, 느낌, 행동이 일치할 때, 우리는 내적인 통합을 이루고 더 나아가 자신의 가치 기준과 삶의 방식이 자연스럽게 조화를 이룹니다. 이러한 조화는 삶에 일관성을 가져다주며 우리를 더욱 진정성 있는 존재로 성장하게 합니다. 내면에서 우러나오는 진정성은 자기 신뢰와 자신감, 존중감을 키우며 우리를 더욱 당당하게 만들고 모든 행동에 집중력과 추진력을 더해줍니다.

이 과정을 반복하면서 우리는 과거의 습관이나 익숙한 행동 패턴을 답습하는 것이 아니라 자신도 알지 못했던 새로운 힘을 발견할 수 있습니다. 그리고 그 힘으로 원하는 삶을 주체적으로 창조해 나갈 수 있습니다. 브레인폰을 켜고 브레인 스포츠를 실천하며 생각과 느낌, 행동을 일치시킬 수 있다면 창조성을 최고 수준으로 끌어올릴 수 있습니다.

TAKE BACK YOUR BRAIN

7장

브레인 택걸이로

인생을 들어 올려라

우리는 브레인폰을 활용해 상상력, 집중력, 실행력이 어떻게 의미 있는 변화를 만들어내며 마음의 잠재력을 열어주는지 살폈습니다. 하지만 진정한 변화를 만들어내려면 마음과 몸이 깊이 연결되어야 합니다.

신체적인 도전은 마음과 몸을 연결하는 가장 효과적인 방법입니다. 이러한 측면에서 브레인 스포츠가 빛을 발합니다. 브레인 스포츠는 몸을 움직이면서 동시에 정신을 집중하는 훈련을 통해 지속적인 성장을 이끄는 강력한 도구이기 때문입니다.

신체적인 도전이 특별한 이유는 변화를 직접 몸으로 느낄 수 있기 때문입니다. 목표를 세우고 꾸준히 노력하면 몸이 달라지고 뇌는 그 변화를 인식합니다. 그 과정에서 '나는 성장하고 있다'라는 확신이 생기고 자신감도 커집니다.

예를 들어, 근력이 늘거나 지구력이 좋아지는 변화를 직접 경험하면 뇌는 '노력하면 해낼 수 있다'는 강한 동기를 받습니다. 이렇게 몸으로 느낀 변화는 다음 도전을 이어갈 힘이 되고, 꾸준한 노력이 결국 놀랄만한 결과로 이어진다는 것을 깨닫게 합니다.

여기서 중요한 것은 뇌가 깜짝 놀랄 정도로 도전적인 목표를 세우는 것입니다. 너무 쉬운 목표가 아니라 끈기와 노력이 필요하고, 그 과정에서 자신을 격려하며 근성을 키울 수 있는 목표여야 합니다. 그렇다고 불가능하게 보일 정도로 지나치게 어려운 목표를 설정해서는 안 됩니다. 도전적이면서도 꾸준히 노력하면 달성이 가능한 목표여야 합니다.

예를 들어, 평소 달리기를 하지 않는다면 5km 달리기를 목표로 삼아볼 수 있습니다. 근력 단련을 처음 시작한다면 팔굽혀펴기를 10개, 20개, 50개까지 꾸준히 도전해 볼 수 있습니다. 완전히 새로운 영역에 도전하는 것도 좋은 방법입니다. 기공이나 무술처럼 한 번도 해본 적 없는 운동을 시작해 일정 기간 안에 고난이도의 동작을 완성하는 것도 의미 있는 도전이 될 수 있습니다.

이런 다양한 도전 중에서도 턱걸이는 특히 효과적이며 눈에 띄는 변화를 만들어낼 수 있는 운동입니다. 턱걸이는 신체적인 힘과 정신적인 집중력을 동시에 요구하기 때문에 브레인 스포츠의 대표적인 훈련법이 될 수 있습니다. 명상 전문가가 턱걸이를 권하는 것이 의외로 보일 수도 있지만, 나는 명상을 가르치는 사람이기 전에 뇌교육 전문가입니다. 그리고 턱걸이는 뇌를 훈련하는 강력한 도구가 될 수 있습니다. 명상이 뇌의 잠재력을 깨우는 강력한 방법이라면, 턱걸이는 또 다른 방식으로 그 가능성을 열어주는 도구입니다.

턱걸이는 단순한 체력 운동처럼 보일 수 있지만 이 책에서 강조해 온 끈기, 회복탄력성, 그리고 자기 변화의 과정과 깊이 연결되어 있습니다. 턱걸이 한 개를 처음으로 성공하거나 횟수를 늘리는 것은 단순히 근력만 키우는 것이 아닙니다. 몸을 단련하는 동시에 생각을 명료하게 하고 정신까지 단련하는 전인적인 성장 훈련입니다.

턱걸이를 브레인 스포츠 훈련으로 활용하면 몸과 마음이 조화롭게 연결되면서 신체적 능력을 넘어서는 변화를 경험할 수 있습니다. 자신에 대한 신뢰가 커지고, 동기부여가 강화되며, 꾸준한 노력이 결국 삶의 모든 영역에서 의미 있는 변화를 만들어낸다는 것을 몸소 깨닫게 됩니다.

나의 턱걸이 이야기

나는 십 대 시절부터 태권도와 합기도 등 무술을 꾸준히 연마하며 운동하는 습관을 길러왔습니다. 활동적인 생활은 내 삶의 일부였고, 젊었을 때는 턱걸이를 하는 것이 너무나 자연스러워 의식할 필요조차 없었습니다. 하지만 시간이 흐르면서 나의 관심이 다른 운동과 명상으로 옮겨갔고, 턱걸이는 수십 년 동안 잊고 있던 운동이 되었습니다.

그러다 2년 전 72세가 되었을 때 제자들이 턱걸이하는 모습을 보며 문득 "나도 해볼까?" 하는 생각이 들었습니다. 그런데 막상 시도해 보니 몸이 전혀 올라가지 않았습니다. 소싯적의 모습만 떠올리며 적어도 한 개는 할 줄 알았는데 철봉에 매달리는 것조차 버거웠습니다. 팔과 손바닥이 너무 아팠고 "와, 생각보다 훨씬 어렵네."라는 말이 절로 나왔습니다. 한편 겸허함을 배우는 순간이기도 했습니다. 꾸준히 운동하며 활동적으로 살아왔음에도 근력이 이렇게까지 약해졌다는 사실을 인정해야 했습니다.

그렇다고 여기서 턱걸이를 포기할 수는 없었습니다. 다시 턱걸이를 해내고야 말겠다는 각오로 작은 것부터 시작했습니다. 바쁜 일정 속에서 많은 시간을 할애할 수는 없었지만 집안 문 위에 철봉을 설치하고 지나갈 때마다 매달리는 습관을 들였습니다. 화장실에 다녀올 때마다, 물을 마시러 갈 때마다, 집안을 오갈 때마다 잠시 멈춰서 연습했습니다. 또한 코어 근육·팔 힘·악력을 기르기 위해 윗몸일으키기, 팔굽혀펴기, 아령 운동, 웨이트 트레이닝을 병행했습니다. 손바닥에 물집이 생기고 굳은살이 박일 정도로 하루도 빠짐없이 꾸준히 훈련을 이어갔습니다.

몇 달간의 끈질긴 노력 끝에 마침내 기다리던 순간이 찾아왔습니다. 철봉을 마주한 채 깊이 숨을 들이마시고, 온 힘과 집중력을 쏟아 몸을 들어 올렸습니다. 팔과 등 근육에 힘이 들어가면서 몸이 서서히 올라가는 것이 느껴졌습니다. 그리고 마침내 턱이 철봉 대를 넘고 가슴이 닿았습니다.

그 순간 시간이 멈춘 것 같았습니다. 가슴 깊은 곳에서 말로 표현하기 힘든 벅찬 기쁨이 밀려왔습니다. 단지 근력을 키운 것이 아니라 불가능해 보였던 도전을 포기하지 않고 끝까지 해냈다는 강렬한 성취감이었습니다. 무엇이든 해낼 수 있을 것 같은 자신감이 솟구쳤습니다. 마치 세상을 다 가진 것 같았습니다. 그리고 이 짜릿한 기쁨을 더 많은 사람이 경험했으면 좋겠다는 열망이 생겨났습니다.

턱걸이는 이제 내게 단순한 운동이 아닙니다. 67세 때 나는 뉴질랜드에서 '얼스빌리지Earth Village'라는 대규모 프로젝트를 시작했습니다. 전 세계의 젊은이들이 아름다운 대자연 속에서 심신을 단련하고, 조화로운 공생의 문화를 배우며 성장할 수 있는 교육 공간을 만들고자 했습니다. 그 무렵《나는 120살까지 살기로 했다》라는 책을 썼습니다. 이 책은 얼스빌리지를 반드시 완성하겠다는 나 자신과의 약속이자 도전이었습니다. 동시에 나처럼 인생의 후반기를 맞이한 많은 사람에게 남은 우리의 인생을 얼마든지 더 활기차고 의미 있게 만들 수 있다는 희망을 전하고 싶었습니다.

"체력은 생명이다. 무조건 움직여라." 이것이 내가 그 책에서 줄기차게 강조한 철학입니다. 나는 이 철학을 단순한 말이 아니라 실천으로 증명하고 싶었습니다. 그리고 그 방법 가운데 하나가 턱걸이였습니다. '훈련은 배신하지 않으며, 꾸준한 노력은 반드시 보상을 가져온다'. 나는 턱걸이를 통해 이 신념을 다시 한번 확인했습니다.

이제 턱걸이는 내 일상이 되었습니다. 매일 내가 세운 삶의 목표를 향해 나아가겠다는 다짐과 함께 철봉에 매달리고 몸을 들어 올립니다. 나에게 턱걸이는 단순한 운동이 아닙니다. 명상만큼이나 중요한 습관이며 절제력과 집중력을 길러주고 삶의 목적을 일깨워주는 고맙고 소중한 실천입니다.

턱걸이가 브레인폰을 활성화하는 이유

턱걸이는 전신 근력을 강화하는 데 매우 효과적인 운동입니다. 팔, 어깨, 등, 가슴 근육을 동시에 사용하며 특히 등과 팔의 근력을 크게 발달시킵니다. 또한 코어 근육을 활용해야 하므로 몸 전체의 균형과 안정성을 높이는 데도 도움이 됩니다. 그뿐만 아니라 반복적인 훈련을 통해 심폐 기능이 향상되고, 체지방 감소에도 효과가 있습니다. 꾸준히 턱걸이를 하면 지구력과 유연성이 향상되며 전반적인 체력과 체형 개선에도 긍정적인 영향을 미칩니다.

이처럼 다양한 장점에도 불구하고 단순히 건강을 위한 운동만을 고려한다면 턱걸이가 최고의 운동이라고 단정할 수는 없습니다. 하지만 내가 턱걸이를 특히 권하는 이유는 이 운동이 브레인폰을 활성화하는 특별한 힘을 지니고 있기 때문입니다.

턱걸이는 목표와 성공 여부가 명확한 운동입니다. '턱이 철봉을 넘으면 성공, 넘지 못하면 실패'라는 단순하고 확실한 기준이 있어 결과가 모호할 일이 없습니다. 이 명확성은 강한 동기를 부여하며 한 번의 성공이 강력한 성취감을 안겨줍니다. 이러한 성취가 반복될수록 자신감이 생기고 더 큰 목표를 세울 수 있는 자기 신뢰가 생깁니다.

또한 턱걸이는 속임수나 요행이 통하지 않는 정직한 운동입니다. 짧은 시간에 우연히 되는 동작이 아니라 꾸준한 노력과 근력 향상을 통해서만 성공할 수 있습니다. 따라서 진정한 목표 달성의 기쁨을 선명하게 체험할 수 있습니다.

턱걸이는 결코 쉬운 목표가 아닙니다. 많은 사람이 1만 보 걷기, 팔굽혀펴기나 스쾃 몇 세트 같은 목표를 세우는데 이러한 운동은 비교적 뇌가 쉽게 받아들이는 목표입니다. 반면 턱걸이는 대다수 사람에게 쉽지 않은 도전입니다. 자신의 체중을 들어 올려야 하므로 처음에는 신체적 한계를 경험하게 됩니다. 바로 이 점이 턱걸이가 단순한 운동을 넘어 도전적인 과제로서 가치 있는 이유입니다.

우리의 뇌와 몸은 놀라운 잠재력을 지니고 있습니다. 조상들은 나무를 타고 생활하며 강한 상체 근력과 유연성을 발휘했습니다. 이러한 능력은 여전히 우리 몸속에 잠재되어 있지만 현대 사회에서 덜 사용되면서 점차 약해졌습니다. 하지만 훈련을 통해 충분히 다시 회복할 수 있습니다.

턱걸이에 성공하기 위해서는 꾸준한 노력과 훈련이 필수입니다. 도전과 실패를 반복하며 점차 근력이 향상되는 과정에서 근성과 끈기가 길러집니다. 그리고 마침내 턱걸이에 성공했을 때 자신의 한계를 넘어섰다는 강렬한 자신감을 경험하게 됩니다. 이는 단순한 신체적 변화가 아니라 육체적, 정신적 성장을 이루는 과정이며 더욱 큰 도전에 나설 원동력이 됩니다.

턱걸이는 몸과 뇌의 연결을 강화하는 고도의 통합적 운동입니다. 팔과 등의 힘만 사용하는 것이 아니라 전신의 근육들이 유기적으로 협력해야 성공할 수 있습니다. 턱걸이할 때 뇌는 단순히 팔과 등 근육에만 집중하는 것이 아닙니다. 근육의 미세한 움직임을 정교하게 조정하고, 몸의 균형을 유지하며, 체중을 효율적으로 분배하는 작업을 동시에 수행합니다. 예를 들어, 팔과 어깨 근육이 힘을 발휘할 때 코어는 몸의 중심을 잡아주고, 다리는 하체의 무게를 조절해 전체적인 균형을 유지합니다. 이렇게 뇌가 신속하고 섬세하게 몸을 조율하며 몸은 그 지시에 따라 조화롭게 움직이면서 턱걸이가 완성됩니다.

이러한 몸과 뇌의 협력은 뇌 기능을 극대화하는 중요한 역할을 합니다. 턱걸이할 때 뇌는 몸의 각 부위에 끊임없이 신경 신호를 보내며 이 과정에서 신경 네트워크가 강화됩니다. 그 결과 집중력과 신체 조정력이 비약적으로 발전하게 됩니다.

무엇보다 중요한 것은 턱걸이가 뇌를 변화시킨다는 점입니다. 턱걸이를 배우고 꾸준히 연습하는 과정에서 뇌의 신경 가소성이 촉진됩니다. 턱걸이 같은 도전적인 운동은 뇌에 새로운 자극을 제공하고, 그 자극에 적응하는 과정에서 신경회로가 변화하고 강화됩니다. 처음에는 불가능했던 동작이 점차 가능해지면서 뇌 속 신경 네트워크가 더욱 활성화됩니다.

반복적인 시도와 실패는 오히려 뇌의 성장을 촉진하는 중요한 과정입니다. 실패를 통해 자신의 한계를 인식하고, 그 한계를 극복할 새로운 방법을 찾는 과정에서 뇌는 새로운 패턴을 형성하며 점점 강해집니다. 이 과정에서 끈기, 자제력, 자기 통제력이 자연스럽게 길러집니다.

명확한 목표를 가지고 턱걸이에 도전하면 우리는 장기적인 목표에 집중하는 법을 배우고, 몸과 마음을 조절하는 능력을 익히며, 실패를 극복하고 재도전하는 회복력을 기를 수 있습니다. 이러한 변화는 뇌의 결단력과 실행력을 강화하여 운동뿐만 아니라 삶의 모든 영역에서 도전적이고 성장 지향적인 자세를 유지하도록 돕습니다.

84세 어르신의 턱걸이

턱걸이가 몸과 마음을 변화시키는 경험을 한 후, 나는 이 운동이 단순한 근력 강화가 아니라 강력한 브레인 스포츠 활동이라고 확신하게 되었습니다. 그래서 사람들에게 턱걸이를 추천하고, 더 쉽게 시도할 방법을 연구하며, 도전하도록 독려하기 시작했습니다. 2024년 가을, 천안 국학원에서 '국민건강 턱걸이 대회'가 열렸습니다. 이 대회는 각기 다른 배경을 가진 사람들이 한자리에 모여 함께 도전하고 성장하는 뜻깊은 자리였습니다.

그날 가장 인상 깊었던 참가자는 84세 조정인 어르신이었습니다. 대회 최고령 출전자로 특별상을 받은 그는 무려 턱걸이 여덟 개를 완벽하게 성공하며 모두를 놀라게 했습니다. 작지만 단단한 체격, 멋스러운 백발, 그리고 탄탄한 근육에서 강한 체력과 굳건한 의지가 느껴졌습니다.

"십 년 동안 턱걸이를 조금씩 연습해 왔어요. 잘 안되면 속상해서 포기하고 싶을 때도 있었지만, 건강도 좋아지고 주위에서 대단하다고 칭찬하니까 자부심이 생겨 더 열심히 하게 됐어요." 어르신은 밝은 목소리로 말했습니다.

조정인 어르신은 매일 새벽마다 동네 공원에서 운동하며 하루를 시작했습니다. 그러던 어느 날 철봉을 보며 '나도 턱걸이를 한번 해봐야겠다'라는 생각이 들어 도전하게 되었다고 합니다. 처음에는 쉽지 않았지만 꾸준히 연습한 끝에 철봉에 매달려 턱걸이를 성공하게 되었습니다. 그의 모습을 보고 동네 할머니들도 하나둘 함께 운동을 시작했습니다. "맨날 여기저기 아프다고 하던 분들이 이제는 온갖 병이 다 나았다고 좋아하세요." 어르신은 자랑스럽게 웃으며 말을 이었습니다. "제 덕분이라고들 하는데 그 말을 들을 때 얼마나 기쁜지 몰라요." 내년 대회에서는 턱걸이 열다섯 개에 도전하겠다는 당찬 포부도 밝혔습니다.

대회 참가자 중 처음부터 턱걸이를 잘했던 사람은 없었습니다. 한 참가자는 중학교 시절 왜소한 체격으로 괴롭힘을 당했던 경험을 계기로 운동을 시작했습니다. 그러다 스트리트 워크아웃Street Workout을 접하고 꾸준히 훈련을 이어갔습니다. 스트리트 워크아웃은 야외 공원이나 공공장소에서 철봉, 평행봉 등을 활용해서 맨몸으로 하는 운동입니다. 그는 단순한 턱걸이를 넘어 철봉 위에서 마치 날아오를 듯한 자유롭고 유려한 퍼포먼스를 선보여 감탄과 찬사를 받았습니다.

참가자들은 하나같이 턱걸이를 통해 자신을 넘어서는 법을 배웠다고 말합니다. '나는 못할 거야'라는 생각이 '하면 된다'라는 긍정적인 사고로 바뀌었다고 말했습니다. 이번 대회는 단순한 턱걸이 대회가 아니라 도전과 성장을 통해 자기 한계를 뛰어넘는 경험을 나누는 자리였습니다.

마음의 힘을 키워주는 브레인 턱걸이

턱걸이를 처음 시도하면 많은 사람이 좌절감을 느낍니다. 아무리 힘껏 당겨도 몸이 전혀 올라가지 않고 꿈쩍도 하지 않기 때문입니다. 그러면 뇌는 빠르게 결론을 내립니다. "나는 못하겠어." 곧이어 이런 생각이 따라옵니다. "이렇게 어려운 걸 왜 해야 하지? 안 한다고 내 인생이 달라지는 것도 아닌데."

우리는 본능적으로 어려운 일을 피하고 편한 것을 선택하려고 합니다. 당장에 편한 선택이 행복으로 가는 길이라고 믿기도 합니다. 하지만 진정한 성장은 익숙한 영역을 벗어나 도전과 마주할 때 이루어집니다. 힘들고 불편한 것을 회피해서는 성장의 기쁨을 누릴 수 없습니다. '내가 할 수 있는 만큼만 하겠다'라는 생각은 스스로 한계 안에 가두고 자신의 진정한 잠재력을 발견할 기회를 빼앗습니다.

익숙하고 편안한 일에서도 기쁨을 느낄 수 있지만, 한때 불가능하다고 생각했던 일을 해냈을 때의 성취감은 훨씬 크고 오래 지속됩니다. 처음으로 턱걸이를 해냈을 때의 기쁨은 이루 말할 수 없습니다. 아무도 지켜보지 않고 보상이 없어도 스스로 해냈다는 사실 자체가 깊은 만족감을 줍니다. 이 작은 성공의 경험은 자신에 대한 신뢰와 자신감을 키우고 더 큰 도전에 맞설 용기를 길러줍니다.

예를 들어, 턱걸이를 아직 할 수 없는 사람이라면 처음에는

"이건 너무 어려워. 아프고 힘들어. 나는 못해."라는 생각부터 들 것입니다. 아주 자연스러운 반응입니다. 뇌는 본능적으로 어려움을 피하려 하기 때문입니다. 하지만 현실을 바꿀 수 있는 것은 '그래도 해보자'라는 선택과 결심입니다.

'반드시 해내겠다'라고 결심하는 순간, 부정적인 생각이 줄어들고 정신이 깨어나며 뇌가 새로운 활력을 얻습니다. 이것이 브레인폰이 작동하는 원리입니다. 깨어난 정신이 한계를 넘어서는 순간입니다. 턱걸이는 단순한 근력 운동이 아니라 정신력을 단련하고 강화하는 과정입니다. 그래서 나는 '브레인 턱걸이'라고 부릅니다.

나이가 많거나 체중이 많이 나간다면 턱걸이는 불가능할까요? 그렇지 않습니다. 물론 턱걸이는 도전적인 운동이며 40~50대를 넘어서면 더욱 어렵게 느껴질 수 있습니다. 40대 이상에서 턱걸이할 수 있는 사람은 아마 5%도 되지 않을 것입니다. 하지만 꾸준히 훈련하면 70대, 아니 그 이상이 되어도 가능합니다.

우리의 근육량은 30~50대까지 서서히 감소하다가 60대가 되면 급격히 줄어듭니다. 연구에 따르면 60대에는 젊었을 때 근육량의 약 30%가, 80대에는 50%가 사라진다고 합니다. 하지만 근력 운동을 꾸준히 하면 이 과정을 늦추거나 심지어 되돌릴 수도 있습니다. 포기하지 않고 계속 노력한다면 잃어버린 근육도 다시 되찾고 몸을 건강하게 유지할 수 있습니다. 앞서 이야기한 조정인 어르신처럼 70대 중반에 턱걸이를 시작해 끈기와 집중력으로 성공한 사례도 있습니다.

나이가 들수록 새로운 도전을 시작하기 쉽지 않지만, 도전하는 것 자체만으로도 충분히 의미가 있습니다. 유튜브에서 턱걸이 관련 영상을 많이 찾아보는데, 특히 과체중이거나 평소 운동을 하지 않던 사람들이 턱걸이 1개를 성공하기까지의 과정을 기록한 영상이 흥미로웠습니다. 그들은 수많은 시행착오를 겪으면서도 수개월에서 길게는 1년 가까이 노력한 끝에 결국에는 턱걸이에 성공했습니다. 이들의 이야기는 꾸준한 노력과 결단력이 있다면 처음에는 불가능해 보였던 목표도 결국 이룰 수 있음을 보여줍니다.

당신의 인생을 들어 올려라

자신감이 떨어지거나 길이 보이지 않을 때, 삶의 방향을 찾고 다시 일어서고 싶을 때, 턱걸이에 도전해 보세요. 턱걸이가 예상치 못한 방식으로 내면의 힘을 깨우고 삶에 새로운 에너지를 불어넣어 줄 것입니다. 턱걸이를 통해 자신과의 약속을 지키고 숨겨진 힘을 발견하게 됩니다.

턱걸이는 집중력과 인내심, 불편함을 이겨내겠다는 결단이 필요한 도전입니다. 팔을 당겨 몸을 들어 올릴 때마다 '나는 못하겠어, 할 수 없어'라는 두려움과 마주하지만, 그 순간을 이겨낼수록 자기를 극복하며 점점 더 강해집니다.

턱걸이는 단순히 몸을 들어 올리는 운동이 아니라 자신의 인생을 들어 올리는 훈련입니다. 몸의 무게를 버티며 끌어올리는 동안, 우리는 삶의 무게를 들어 올리는 법도 배우게 됩니다. 철봉을 단단히 잡고 팔과 등을 사용해 몸을 들어 올리는 동작 하나하나가 자신의 한계를 넘어 더 나은 삶으로 나아가는 의지의 표현입니다. 한계를 넘고 좌절을 이겨내며 근육만 단련하는 것이 아니라 삶의 새로운 가능성도 발견하게 됩니다.

턱걸이하는 동안 우리는 두 가지 세상을 경험합니다. 철봉 아래의 세상은 한계와 두려움, 불안이 자리한 곳입니다. 처음 매달릴 때 그 세상은 한없이 무겁게 우리를 붙잡고 있는 것처럼 느껴질 수 있습니다. 그러나 조금씩 몸을 끌어올릴수록 철봉 위의 세상, 즉 가능성과 성취, 새로운 나를 발견하는 공간으로 나아갑니다. 턱이 철봉 위로 올라가는 순간 두려움과 무거움은 사라지고 성취감과 자신감이 자리 잡습니다.

마치 몸의 무게를 들어 올리듯 턱걸이를 하면서 우리는 스트레스와 불안, 자기 의심 같은 정신적인 무게를 내려놓습니다. 몸을 들어 올릴 때마다 더 이상 도움이 되지 않는 낡은 습관과 생각을 던져버립니다. 그 과정에서 삶은 더 가벼워지고 균형과 자유를 경험하게 됩니다.

한 번도 턱걸이를 해본 적이 없어도 괜찮습니다. 한 개의 턱걸이를 목표로 삼아 도전하는 것만으로도 삶에 큰 변화가 일어날 수 있습니다. 완벽한 동작이나 남과의 경쟁이 중요한 것이 아닙니다. 진짜 중요한 것은 스스로 한 약속을 지키고 매일 조금씩 나아가는 것입니다. 한 번 한 번의 시도가 근육뿐만 아니라 삶을 개척하는 힘을 키워줍니다.

'나는 반드시 내 몸을 들어 올린다' 또는 '죽기 전에 반드시 턱걸이 한 번은 해낸다'라고 자신에게 말해보세요. 어떤 마음으로 턱걸이에 도전하느냐에 따라 그 가치가 달라집니다. 단지 근력을 단련하기 위해서가 아니라 자기 몸의 주인이 되고 뇌의 주인이 되기 위해, 한계를 넘어 성장하고 내 인생의 진정한 주인이 되기 위해 턱걸이에 도전하세요. 그런 턱걸이는 내가 나를 다시 낳고, 나를 살리며, 내 삶을 새롭게 창조하는 강력한 영적 경험이 될 것입니다.

브레인 턱걸이 꿀팁

턱걸이는 처음 도전하는 사람에게도, 개수를 늘리려는 사람에게도 결코 만만한 운동이 아닙니다. 하지만 꾸준히 도전하면 누구나 해낼 수 있습니다. 아직 한 번도 성공한 적이 없다면 먼저 한 개를 완벽하게 해내는 것을 목표로 삼으세요. 언제까지 성공할 것인지 구체적인 목표를 설정하고 작은 성취를 하나씩 쌓아가며 자신의 한계를 조금씩 넘어서기를 바랍니다.

이미 턱걸이를 할 수 있다면 뇌가 깜짝 놀랄 만큼 도전적인 숫자를 목표로 삼아보세요. 지금 가능한 개수의 두 배, 세 배도 좋습니다. 그 목표를 향해 나아가는 여정 속에서 지금까지 써본 적 없는 새로운 힘을 스스로 깨워보길 바랍니다.

턱걸이를 더욱 쉽고 효과적으로 도전할 수 있는 몇 가지 팁을 소개합니다. 이 팁을 참고하여 브레인폰을 활성화하고, 천천히 그러나 꾸준히 턱걸이 훈련을 이어가 보세요. 중요한 것은 포기하지 않는 것 그리고 조금씩 앞으로 나아가는 것입니다.

서두르지 말고 천천히

턱걸이를 처음 시작하는 사람이라면 절대 서두르지 말고, 자기 몸 상태에 맞춰 천천히 진행해야 합니다. 예를 들어, 철봉에 매달리는 것조차 어렵다면 매달리는 연습부터 시작하세요. 무리하지 않고, 단계별로 차근차근 쌓아가는 것이 가장 중요합니다.

기초 체력이 어느 정도 있는 사람이라면 두세 달 정도 꾸준히 훈련하면 턱걸이 한 개를 성공할 수 있습니다. 팔 힘이나 코어 힘이 부족하다면, 철봉에 매달리는 것만 반복하기보다는 해당 부위를 집중적으로 강화하는 것이 더 효과적입니다. 무턱대고 철봉 훈련만 하다 보면 부상의 위험이 커지기 때문입니다. 윗몸 일으키기, 팔굽혀펴기 같은 기초 운동을 먼저 충분히 연습하면서 기본적인 근력을 키우는 것이 좋습니다.

턱걸이를 해내려면 가슴, 코어, 등 근육을 강화해야 합니다. 가슴 근력을 키우기 위해서는 팔굽혀펴기가 효과적인 운동입니다. 정자세가 어렵다면 무릎을 대고 하거나 벽을 이용한 방법으로 시작할 수 있습니다. 조금씩 힘이 붙으면 의자에 손을 올리고 해보고, 점점 경사도를 낮추면서 발전시켜 보세요. 동작에 자신감이 생기면 정자세로 팔굽혀펴기를 연습해 보세요.

코어 근력을 강화하는 데는 플랭크와 슈퍼맨 자세가 좋습니다. 플랭크는 코어의 안정성을 높여 철봉에서 몸이 흔들리지 않도록 도와주고, 슈퍼맨 자세는 등을 포함한 코어와 허리 근육을 강화하는 데 효과적입니다.

등 근육을 키우기 위해서는 무게가 있는 운동기구를 활용해 팔을 몸 쪽으로 당기는 동작을 추천합니다. 처음에는 자기 체중의 1/5~1/4 정도 되는 무게로 시작하는 것이 적절합니다. 몸에 부담이 되지 않는 선에서 점진적으로 무게를 늘려가며 운동 강도를 조절하세요.

턱걸이는 꾸준히 연습하면 누구나 성공할 수 있는 운동입니다. 조급해하지 말고 자기 몸을 존중하며 서서히 단계를 밟아 나가는 것이 중요합니다. 몸과 마음의 균형을 유지하면서 목표를 향해 한 걸음씩 나아가다 보면 철봉 위에서 새로운 자신을 만나게 될 것입니다.

상상력 활용하기

턱걸이를 연습할 때 신체 훈련에만 의존하지 말고 상상력을 적극 활용해 보세요. 브레인폰을 켜고 움직임의 각 단계를 생생하게 시각화하는 훈련이 실제로 턱걸이 도전에 도움을 줍니다. 턱걸이를 연습할 때마다 자신이 이미 완벽하게 성공한 모습을 생생하게 그립니다. 철봉을 단단히 잡고 몸이 안정적이고 부드럽게 올라가는 순간을 떠올리며 그 순간의 성취감과 기쁨을 미리 경험해 보세요. 이러한 정신적 리허설은 뇌가 동작을 처리하고 내면화하는 데 도움을 주며 근육 기억을 강화해 실제 운동 수행 능력을 높이는 효과가 있습니다.

상상하는 동안 작은 행동을 함께하면 더 효과적입니다. 예를 들어, 몸을 들어 올리는 모습을 떠올리면서 주먹을 꽉 쥐거나 코어 근육에 힘을 주는 것입니다. 이러한 작은 움직임이 상상과 실제 동작 사이의 연결을 강화해 더욱 효과적으로 연습할 수 있게 합니다.

아직 턱걸이를 해본 적이 없더라도 성공하는 모습을 반복해서 상상하는 것만으로도 뇌는 이를 점차 가능한 행동으로 받아들이기 시작합니다. 이 과정에서 뇌와 신체의 협응력이 강화되고, 집중력이 높아지며, 자신감이 생깁니다. 훈련할 때마다 머릿속에서 먼저 성공하고, 그 감각을 충분히 느낀 후에 실제로 도전해 보세요. 상상의 힘을 적극적으로 활용하면 시각화 훈련이 단순한 이미지가 아니라 실제로 성과를 만들어내는 강력한 도구가 됩니다.

변화에 집중하기

턱걸이할 때 가장 중요한 것은 명랑한 마음가짐입니다. 명랑함이란, 흐린 데 없이 밝고 환한 마음을 말합니다. 밝고 환한 기분으로 시작하고, 즐거운 마음으로 마무리하세요. 턱걸이가 만만치 않고 어렵게 느껴지더라도 어려움 자체에 집중하지 말고, 몸과 마음이 어떻게 변화하고 있는지에 집중하세요.

매일 조금씩 나아지는 자신의 변화를 인식하고 그 과정을 사랑하고 감사하는 태도가 중요합니다. 철봉에 매달리는 것조차 어려웠던 처음과 지금을 비교해 보세요. 아직 완벽한 턱걸이에 성공하지는 못했지만 당신의 몸과 뇌는 분명 달라져 있을 것입니다.

턱걸이의 발전 속도가 일정할 수는 없습니다. 평소보다 더 힘들게 느껴지는 날도 있겠지만 그 순간에도 당신의 근육은 강해지고 있고 마음 역시 단단해지고 있습니다. 잘 안되는 날이 오더라도 자신을 다그치지 말고 오늘도 연습했다는 사실 자체를 칭찬하며 꾸준히 이어가세요. 변화를 만드는 것은 꾸준함입니다.

부족함보다는 발전에 집중해야 동기부여가 지속됩니다. 스스로에게 "나는 할 수 있다"라고 말하고, 그 말을 진심으로 믿어 보세요. 작은 성취 하나하나를 인정하고, 긍정적인 마음을 유지하며, 스스로에게 충분한 시간을 주세요. 신체적 훈련, 상상력, 긍정적인 태도가 함께 한다면 턱걸이 목표를 이루는 것은 물론 그 과정에서 자신의 숨겨진 가능성 또한 발견하게 될 것입니다.

TAKE BACK YOUR BRAIN

8장

변화하고 싶다면

운동하라

턱걸이는 하나의 신체적 도전이 어떻게 몸과 마음의 연결을 강화하고 회복탄력성과 집중력, 자기 신뢰를 키울 수 있는지를 잘 보여줍니다. 또한 꾸준한 노력이 잠재력을 깨워 의미 있는 성장으로 이어지는 과정을 강력하게 경험하게 합니다. 하지만 턱걸이는 이러한 변화를 보여주는 수많은 운동 중 하나일 뿐입니다. 이번 장에서는 시야를 더 넓혀 단순히 몸을 단련하는 차원을 넘어 뇌를 변화시키고 인생을 바꾸는 운동의 힘에 관해 이야기해 보겠습니다.

운동은 가장 쉽고 보편적인 브레인 스포츠이자 심신 건강의 필수 요소입니다. 몸과 뇌를 활성화하는 방법은 많지만 운동만큼 많은 사람이 공감하고 일상에서 실천하기 쉬운 활동은 드뭅니다. 걷기부터 근력 운동까지 운동은 신체에 활력을 불어넣고,

정서적 회복탄력성을 키우며, 인지 기능을 향상하는 가장 효과적인 방법입니다.

흔히 체력이라고 하면 튼튼한 근육, 건강한 심장, 강한 뼈를 떠올리지만 사실 체력의 의미는 그 이상입니다. 체력은 단순히 몸을 움직이는 힘에 그치지 않고 뇌가 최상의 상태로 작동하도록 돕는 중요한 에너지원입니다. 따라서 체력이 떨어지면 몸만 약해지는 것이 아니라 감정과 지적 능력, 심지어 인성에도 부정적인 영향을 줄 수 있습니다.

뇌는 몸에서 가장 많은 에너지를 소비하는 기관 중 하나입니다. 몸무게의 약 2%에 불과하지만 전체 에너지의 20%를 소비할 만큼 활동량이 많습니다. 체력이 좋으면 심장이 효율적으로 작동하여 뇌로 충분한 산소와 영양분을 공급하고 이는 집중력, 기억력, 문제 해결 능력을 높이는 데 도움을 줍니다.

반면 체력이 떨어지면 뇌로 전달되는 에너지가 부족해지고 이는 뇌 기능 저하로 이어집니다. 몸이 피곤할 때는 사소한 일에도 짜증이 나고 감정이 예민해지는 경험을 누구나 해보았을 것입니다. 체력이 떨어지면 타인을 공감하거나 배려할 마음의 여유도 사라져 인간관계와 삶의 질에도 부정적인 영향을 미칩니다. '체력이 곧 뇌력이며 나아가 인성까지 좌우한다'라는 말은 절대 과장이 아닙니다. 체력은 단순히 신체적인 문제가 아니라 삶을 지탱하는 토대이자 인간다움을 유지하는 중요한 요소입니다.

운동은 체력을 키우는 가장 확실한 방법이지만 많은 사람이 여전히 운동 부족 상태에 놓여 있습니다. 2023년 〈유럽 심장 저널〉에 발표된 연구에 따르면, 6개 연구에서 15,000명 이상의 데이터를 분석한 결과 참가자들은 하루 평균 10.4시간을 앉아서 보내는 것으로 나타났습니다.

미국에서도 좌식 생활이 점점 증가하고 있습니다. 미국 심장 협회는 1950년 이후 좌식 직업이 83% 증가했다고 보고했으며, 존스 홉킨스대학교의 연구에 따르면, 1960년대에는 직업의 절반가량이 신체 활동을 포함했으나 현재는 20%에도 미치지 못합니다.

한국 역시 비슷한 경향을 보입니다. 2017년 보건복지부 통계에 따르면 한국인은 하루 평균 8.2시간을 앉아서 보냅니다. 이 통계가 수년 전 자료임을 고려하면 현재 한국인들이 앉아 있는 시간은 더욱 늘어났을 가능성이 높습니다.

미국 메이요 클리닉의 제임스 레바인James Levine 박사는 장시간 앉아 있는 생활 습관이 건강에 미치는 심각성을 경고하며 이를 '의자병(Sitting Disease)'이라 명명했습니다. 그는 "앉아 있는 생활은 흡연보다 더 위험하며 에이즈보다 더 많은 생명을 앗아간다. 우리는 그야말로 앉아서 죽어가고 있다"라고 강조했습니다. 좌식 생활은 비만, 심혈관 질환, 당뇨병을 포함한 30가지 이상의 질병과 관련이 있으며 오랜 시간 앉아 있지 않으려는 노력만으로도 삶과 건강에 큰 변화를 줄 수 있습니다.

장시간 앉아 있는 생활은 신체뿐 아니라 뇌 건강에도 악영향을 미칩니다. 신체 활동이 부족하면 에너지가 정체되어 뇌의 집중력과 기억력이 저하되고 사고의 유연성도 떨어집니다. 또한 장시간 움직이지 않으면 뇌에 산소와 영양이 충분히 공급되지 않아 뇌 기능이 저하되고, 우울감이나 스트레스가 증가할 위험도 커집니다.

반면, 몸을 움직이는 것은 뇌 에너지를 즉각적으로 활성화하는 매우 효과적인 방법입니다. 반드시 격렬한 운동일 필요는 없습니다. 간단한 근력 운동이나 유산소 운동, 자리에서 일어나 걷거나 가볍게 몸을 흔드는 것으로도 뇌에 긍정적인 변화를 일으킬 수 있습니다. 전문가들이 운동을 뇌 건강을 위한 가장 강력한 처방으로 꼽는 이유가 여기에 있습니다.

운동하면 기분이 좋아진다

운동이 뇌에 미치는 가장 즉각적인 효과 중 하나는 기분을 좋게 만든다는 점입니다. 운동을 하면 뇌에서 다양한 신경전달물질이 분비되며 그중 세로토닌은 안정감과 행복감을, 도파민은 동기부여와 즐거움을 느끼게 합니다. 또한 엔도르핀은 통증과 피로를 완화하고 상쾌함을 주며, 엔도카나비노이드는 스트레스를 줄이고 평온함을 유도합니다.

이러한 화학 반응이 '러너스 하이runner's high'라는 현상을 만들어내기도 합니다. 운동을 시작한 지 약 30분이 지나면 피로가 사라지고 움직임이 더 자연스러워지며 활력이 솟고, 상쾌함과 고양감이 느껴지는 상태입니다. 흔히 달리기와 연관되지만 수영, 사이클, 스키 같은 지속적인 운동이나 축구, 야구, 럭비 같은 팀 스포츠에서도 비슷한 경험을 할 수 있습니다.

러너스 하이까지는 아니더라도 운동이 기분과 정신 건강에 긍정적인 영향을 미친다는 것은 다양한 연구를 통해 꾸준히 입증되었습니다. 2010년 미국 버몬트대학교 연구팀은 18~25세 성인을 대상으로 실내 자전거를 20분간 탄 그룹과 운동을 하지 않은 그룹의 기분 변화를 비교 분석했습니다. 그 결과 운동을 한 사람들의 기분이 더 좋아졌으며 이 효과가 12시간 동안 지속되었습니다.

2019년 하버드 T.H. 챈 공중보건대학원 연구팀은 약 8,000명의 건강 기록과 유전자 데이터를 분석한 결과, 규칙적인 신체 활동이 우울증 발병 위험을 낮춘다는 결론을 내렸습니다. 이런 효과는 격렬한 운동뿐만 아니라 에어로빅이나 요가 같은 가벼운 운동에서도 나타났으며, 하루 약 35분의 운동이 우울증 위험을 낮추고 주당 4시간의 추가 활동으로 우울증 발생 확률을 최대 17%까지 낮출 수 있다고 밝혔습니다.

2023년 오스트레일리아에서 진행된 연구에 따르면, 운동은 불안과 우울증 같은 정신 건강 문제에 있어 기존의 심리 치료나 약물 치료보다 더 효과적일 수 있습니다. 특히 짧고 강도 높은 운동이 가장 큰 효과를 발휘했습니다. 연구를 주도한 벤 싱^{Ben} ^{Singh} 박사는 운동이 가벼운 우울증, 스트레스, 불안 완화에 약물이나 인지행동 치료보다 1.5배 더 효과적이라며 운동이 정신 건강을 위한 중요한 치료 옵션이 되어야 한다고 강조했습니다.

이처럼 모든 형태의 운동은 정신 건강에 탁월한 효과를 발휘합니다. 운동은 단순히 건강한 몸을 만드는 데 그치지 않고 기분을 고양하고, 스트레스를 완화하며, 우울증 같은 정신적 어려움을 극복하는 데도 큰 도움을 줍니다. 뇌와 마음, 그리고 몸의 전반적인 건강을 위한 가장 효과적인 투자라고 할 수 있습니다.

운동하면 똑똑해진다

운동은 기분을 좋게 할 뿐만 아니라 기억력과 학습 능력 등 뇌의 인지 기능을 크게 향상합니다. 여러 연구를 통해 규칙적인 운동이 인지 기능을 담당하는 다양한 뇌 영역을 활성화하고 그 기능을 강화한다는 사실이 밝혀졌습니다.

그중 해마는 기억, 학습, 공간 인지를 담당하는 뇌의 핵심 구조입니다. 오늘 만난 사람의 이름과 얼굴을 기억하거나 낯선 곳에서 길을 찾는 것은 모두 해마 덕분입니다. 또한 감정적으로 강렬한 경험이 더 오래 기억에 남는 이유 역시 해마가 감정과 기억을 연결하는 역할을 하기 때문입니다. 해마는 성인의 뇌에서 새로운 신경세포가 활발히 생성되는 몇 안 되는 부위 중 하나로,

기억력과 학습 능력을 유지하고 스트레스 회복력을 높이는 데 중요한 역할을 합니다.

2006년 미국 일리노이대학교의 연구에 따르면, 꾸준한 유산소 운동을 한 성인들이 해마의 부피를 더 잘 유지하며 노화로 인한 기억력 저하를 늦출 수 있는 것으로 나타났습니다. 또 다른 연구에서는 12개월간 주 3회 걷기 운동을 한 노인들의 해마 부피가 1~2% 증가하면서 기억력이 향상되었다고 보고되었습니다.

운동은 해마뿐 아니라 전두엽의 기능을 활성화하는 역할도 합니다. 전두엽은 감정과 사고를 조절하고 목표 설정, 계획 수립, 집중력 유지 등 고차원적인 인지 기능을 담당하는 영역입니다. 2015년 뉴욕대학교의 연구에서는 단 한 번의 유산소 운동만으로도 의사 결정, 주의력, 자기 조절 능력이 향상된다는 결과가 나왔습니다. 이 연구는 짧은 운동만으로도 전두엽의 기능이 즉각적으로 개선될 수 있음을 보여줍니다.

운동은 또한 뇌 가소성을 촉진하는 중요한 역할을 합니다. 뇌 가소성은 신경세포들이 새로운 연결을 형성하거나 기존 연결을 강화하는 능력을 말하는데, 이 과정에서 뇌유래신경영양인자 (BDNF)가 핵심적인 역할을 합니다. BDNF는 신경세포의 성장과 생존을 돕는 일종의 '뇌의 비료'로 신경세포 간 연결을 강화하고 새로운 시냅스를 형성하는 데 필수적입니다. 연구에 따르면 고강도 유산소 운동이 BDNF의 분비를 증가시켜 학습과 기억력 향상에 도움을 줍니다.

운동은 단기적으로 기분을 개선하고 집중력을 높이는 효과가 있을 뿐 아니라 장기적으로 뇌 건강을 보호하는 역할도 합니다. 규칙적인 신체 활동은 신경퇴행성 질환의 위험을 줄이는 데 도움을 줍니다. 2017년 브리티시컬럼비아 대학교 연구에 따르면, 규칙적인 운동은 알츠하이머의 발병 위험을 낮출 뿐 아니라 이미 알츠하이머병을 앓고 있는 사람들에게서도 일상 기능과 이동 능력이 향상되는 것으로 나타났습니다.

운동은 뇌 기능을 강화하고, 인지 건강을 유지하며, 기억력 저하를 예방하는 가장 효과적인 방법 가운데 하나입니다. 빠르게 걷기, 달리기, 근력 운동 등 어떤 형태든 몸을 움직이는 것이 중요합니다.

운동은 창의성을 높인다

운동이 창의성을 향상한다는 연구 결과가 꾸준히 쌓이고 있습니다. 2014년 스탠퍼드대학교의 연구에 따르면, 걷기가 창의적 사고를 크게 높여준다고 합니다. 연구 참가자들은 앉아 있을 때보다 걷는 동안 창의적인 아이디어를 훨씬 더 많이 떠올렸으며 창의성이 약 60% 증가한 것으로 나타났습니다.

2021년 오스트리아 그라츠대학교 연구진은 신체 활동과 창의성의 관계를 더욱 깊이 탐구했습니다. 연구 참가자들은 5일

동안 활동 추적기를 착용하고 하루 동안의 운동량을 측정한 후 창의력 테스트를 진행했습니다. 그 결과 신체적으로 더 활발하게 움직인 사람들이 더욱 창의적인 사고를 하는 것으로 나타났습니다. 연구진은 그 이유를 신체 활동이 스트레스를 줄이고, 뇌 가소성을 촉진하며, 사고를 더욱 유연하고 확장되게 만들기 때문이라고 설명했습니다.

우리는 흔히 위대한 철학자, 과학자, 예술가들이 주로 책상에 앉아 연구와 창작에만 몰두했을 것이라 상상합니다. 하지만 그들 중 많은 이들이 체력과 운동의 중요성을 강조하며 이를 삶의 중요한 일부로 삼았습니다.

소크라테스는 체력 단련이 인간의 정신적·도덕적 성장에 필수라고 강조했으며, 그의 제자인 플라톤은 레슬링 선수로도 활약했습니다. 플라톤이라는 이름 자체가 '넓은 어깨'에서 유래할 만큼 신체적으로도 뛰어났습니다. 마리 퀴리는 자전거 애호가로 신혼여행조차 자전거로 떠날 만큼 운동을 즐겼습니다. 일본 소설가 무라카미 하루키는 매일 10킬로미터를 달리는 것으로 유명합니다. 그는 "달리기는 나에게 소설을 쓰는 육체적, 정신적 힘의 원동력"이라고 말합니다.

걷기는 오랫동안 사색과 창의성, 영감을 얻는 중요한 수단이었습니다. 독일 철학자 프리드리히 니체는 "모든 위대한 생각은 걷는 동안 떠오른다."라고 했습니다. 그는 매일 몇 시간씩 자연 속을 거닐며 사상을 발전시켰고, 그의 많은 글이 산책 중에 영감을 받아 쓰였습니다. 니체는 현대 문명이 인간을 나약하게 만든다고 경고하며, 걷기와 같은 신체 활동이 강인한 정신을 기르는 핵심 요소라고 보았습니다.

헨리 데이비드 소로 역시 자연 속에서 걷는 것을 창작 활동의 필수로 여겼습니다. 그는 "내 다리가 움직이기 시작하는 순간, 내 생각도 흐르기 시작한다."라고 말하며 하루에도 몇 시간씩 들판과 숲을 거닐었습니다. 소로한테 걷기는 단순한 운동이 아닌 내면의 자유를 찾고 영감을 얻는 일종의 영적 수행이었습니다.

인류는 움직임을 통해 진화해 왔다는 점을 잊어서는 안 됩니다. 우리의 조상들은 생존을 위해 끊임없이 걷고, 뛰고, 사냥하며 몸을 썼습니다. 이러한 움직임은 뇌와 몸을 동시에 발달시키는 원동력이 되었습니다. 도구를 만들고, 사냥 전략을 세우며, 변화하는 환경에 적응하는 능력은 모두 움직임 속에서 얻어진 것입니다.

그러나 현대사회에서 움직임이 줄어들면서 몸과 뇌가 함께 약해지고 있습니다. 활동이 부족하면 신체적·정신적 기능이 저하되고, 활력과 창의성도 떨어집니다. 운동은 단순히 건강을 유지하는 것을 넘어 뇌와 몸이 본래의 기능을 최적으로 수행하도록 돕는 필수적인 활동입니다. 인간의 몸은 움직이기 위해 존재합니다. 운동은 몸과 뇌의 능력을 깨우고 그 가치를 높이는 가장 자연스럽고도 효과적인 방법입니다.

운동이 나에 대해 알려주는 것들

운동은 우리 자신을 더 깊이 이해하게 해주는 도구이기도 합니다. 우리는 몸 안에서 일어나는 다양한 변화를 감지할 수 있는 '내수용 감각內受容 感覺'을 지니고 있습니다. 배고픔, 갈증, 피로 같은 신체적 상태는 물론 긴장감, 편안함, 불안함 같은 감정적 반응을 알아차리는 것도 이 능력 덕분입니다. 내수용 감각이 발달하면 몸과 마음의 신호를 민감하게 감지할 수 있어 스트레스나 긴장 상태에서도 적절하게 대응할 수 있습니다. 그래서 내수용 감각은 자기를 이해하고 관리하는 데 중요한 토대가 됩니다.

운동은 이러한 내수용 감각을 훈련하고 강화하는 데 매우 효과적입니다. 운동을 하면 자연스럽게 심장의 박동, 호흡의 변화, 근육이 긴장하거나 이완되는 느낌 등에 집중하게 됩니다. 이 과정에서 우리는 자기 몸과 더욱 가까워지게 됩니다.

예를 들어, 달리기할 때 심장이 빠르게 뛰는 느낌, 그 박동이 온몸으로 퍼지는 감각, 숨이 깊고 규칙적으로 변하는 과정, 그리고 발이 땅에 닿을 때의 리듬까지 생생하게 느낄 수 있습니다. 이런 경험은 강렬한 생명력과 자유로움을 선사하며 '내가 살아 있다'라는 실감을 주기도 합니다.

운동 중 몸의 움직임에 집중하다 보면 자연스럽게 명상과 비슷한 상태에 들어가는데 심리학자 미하이 칙센트미하이Mihaly Csikszentmihalyi는 이를 '몰입(flow)'이라고 표현했습니다. 몰입 상태에서는 특정 활동에 완전히 빠져들어 시간이 흐르는 것도 잊고 나와 주변의 경계가 흐려집니다. 이 순간 감각이 더욱 선명해지고, 생각이 줄어들며, 마음은 온전히 지금이라는 순간에 존재하게 됩니다.

이런 몰입 효과는 걷기나 달리기 같은 유산소 운동에서 특히 두드러집니다. 반복적이고 리듬감 있는 움직임이 마음을 차분하게 만들고 안정감을 주기 때문입니다. 반면 기공이나 요가처럼 움직임이 느린 운동은 잡념을 가라앉히고, 깊은 집중과 내면의 고요함을 경험하게 도와줍니다. 이런 상태를 '무아無我'라고도 표현하는데 나와 외부 세계의 경계가 사라지고 주변과 하나된 듯 깊은 연결감을 느끼는 경험을 의미합니다.

운동과 명상은 서로 밀접하게 연결되어 있습니다. 운동은 몸을 움직이는 활동이지만 결과적으로 정신을 맑고 명료하게 만들며 집중력을 높여줍니다. 반대로 명상은 내면에서 시작되지만 궁극적으로 몸과의 연결을 깊게 하고 신체의 균형을 조절하는 데 도움을 줍니다. 몸과 마음은 분리할 수 없는 하나이며, 운동과 명상은 서로를 보완하며 조화를 이루는 역할을 합니다. 결국 몸 공부는 마음공부로, 마음공부는 다시 몸 공부로 이어집니다.

운동을 통해 몸에 집중하다 보면 자연스럽게 자신의 마음을 더 깊이 이해할 수 있습니다. 이는 스트레스를 관리하고, 자각력을 높이며, 삶의 균형을 찾는 데 큰 도움이 됩니다. 삶에 의미 있는 변화를 원한다면 가장 먼저 운동을 시작해 보세요.

추천하는 브레인 스포츠 세 가지

일상에서 쉽게 실천할 수 있는 브레인 스포츠로 걷기, 근력 운동, 장운동을 추천합니다. 특별한 장비나 복잡한 기술 없이도 누구나 부담 없이 시작할 수 있으며, 꾸준히 실천하면 신체뿐만 아니라 정신력까지 키울 수 있습니다. 이러한 운동들은 단순한 신체 활동을 넘어 브레인폰을 활성화하고 뇌신경 네트워크의 연결을 강화하는 데 도움을 줍니다.

브레인 스포츠를 할 때 중요한 것은 단순히 몸을 움직이는 것이 아니라 몸과 뇌의 연결을 의식하며 움직이는 것입니다. 동작 하나하나에 주의를 기울이며 자신의 몸과 마음을 깊이 느끼는 것입니다. 단순한 움직임이라도 의식을 집중하면 그 효과는 분명히 달라집니다.

운동을 단순한 신체 활동으로 한정하지 않고 뇌를 훈련하며 자신의 잠재력을 일깨우는 과정으로 바라보는 것이 중요합니다. 각각의 동작이 몸과 마음에 어떤 변화를 불러오는지 주의 깊게 살펴보고 그 과정을 즐겨보세요. 이런 방식으로 운동하면 단순한 신체 단련을 넘어 집중력과 에너지를 높이고, 삶의 전반적인 균형과 활력을 높이는 강력한 도구가 될 것입니다.

장생보법

걷기는 효과가 널리 알려진 훌륭한 운동입니다. 걷기를 통해 심장이 튼튼해지고 뇌 기능이 활성화되며, 뼈와 관절 건강에도 도움이 됩니다. 또한 기분을 좋게 하는 호르몬이 분비되어 우울감이 완화되고 숙면에도 효과적입니다. 따라서 우리가 매일 하는 걷기를 조금만 더 의식적으로 하면 단순한 이동이 아닌 에너지를 재충전하고 치유하는 시간으로 만들 수 있습니다.

먼저 어깨와 가슴, 허리를 펴고 편안하게 서서 몸 전체를 아주 미세하게 약 1~2도 정도 앞으로 기울입니다. 허리를 숙이는 것이 아니라 몸 전체를 살짝 앞으로 기울이는 것입니다. 이 작은 각도 변화만으로도 뇌의 각성 수준이 달라지며 주의력이 한층 높아지는 것을 느낄 수 있을 것입니다.

아장아장 걷는 아기들은 곧 넘어질 듯 몸을 앞으로 기울이고, 발 앞쪽에 힘을 주며 걷습니다. 반면 나이가 들면 몸이 약간 뒤로 젖혀지고, 걸음도 터벅터벅 걷는 경향이 있습니다. 장생보법長生步法은 이러한 '늙은 걸음'을 '젊은 걸음'으로 되돌리는 걸음법입니다.

발가락을 살짝 구부리면 발바닥 앞쪽 3분의 1지점에 오목한 부위가 보입니다. 이곳은 '용천湧泉'으로 기운이 솟아오르는 자리입니다. 여기에 의식을 집중하고 땅을 지그시 누르며 걸으면 몸의 에너지가 활성화됩니다. 마치 땅 위에 작은 버튼이 있고 걸을 때마다 용천으로 눌러준다고 상상해 보세요. 발가락까지 힘을 주면서 땅을 움켜쥐듯 걷는 것이 핵심입니다.

걷는 동안 두 발은 11자를 유지하고, 팔은 자연스럽게 흔들며, 입가에 가벼운 미소를 지어보세요. 장생보법은 무겁고 둔한 걸음이 아니라 가볍고 유연하며 균형 잡힌 걸음을 만들어줍니다. 몸에 힘을 빼고 이완된 상태에서 무게중심을 발바닥에 두고 걸으면, 걸을 때마다 무게중심이 왼발에서 오른발로 다시 오른발에서 왼발로 옮겨지는 것을 느낄 수 있습니다.

장생보법에 익숙해지면 보폭을 평소보다 약간 넓히거나 걷는 속도를 조금 높여보는 것도 좋습니다. 보폭을 넓어지면 다리 근육을 더 많이 사용하게 되어 혈액 순환이 활발해지고 전신 건강에 긍정적인 영향을 줍니다. 또한 빠르게 걷는 것은 심박수를 높여 유산소 운동 효과를 극대화하고, 뇌로 가는 산소 공급을 증가시켜 집중력과 사고력을 높이는 데 도움을 줍니다. 이처럼 빠른 걸음과 넓은 보폭은 몸의 활력을 되살리고, 나이가 들면서 약해질 수 있는 심폐 기능을 개선하는 데도 탁월한 효과가 있습니다.

장생보법은 몸과 마음을 조율하는 '리셋 걷기'입니다. 걸으면서 자기 몸과 마음 상태를 점검하고, 균형을 되찾으며, 흐트러진 에너지를 정돈할 수 있습니다. 걷기를 단순한 이동 수단이 아닌 뇌와 몸, 마음을 깨우고 치유하는 시간으로 활용해 보세요.

근력 운동

근력 운동은 근육을 키울 뿐만 아니라 건강 전반에 긍정적인 영향을 미치는 중요한 활동입니다. 나이가 들수록 근육량이 감소하는데 근력 운동은 이를 예방하고 기초대사량을 높여 체중 조절에도 도움을 줍니다. 그뿐만 아니라 자세를 개선하고, 부상을 예방하며, 전반적인 신체 기능도 향상합니다. 근육이 단단해지면 뼈도 튼튼해지고, 심장 건강이 좋아지며, 혈당 조절에도 효과적입니다.

근력 운동은 뇌에도 강력한 영향을 미칩니다. 신경계를 안정시키고, 스트레스를 해소하며, 걱정과 불안을 줄여 정신 건강에 긍정적인 효과를 줍니다. 우울증 예방, 집중력 향상, 수면의 질 개선, 학습 능력 증진, 뇌 노화 방지 등 다양한 효과가 입증되었습니다.

처음 근력 운동을 시작할 때는 팔굽혀펴기, 윗몸일으키기, 런지, 스쾃 같은 맨몸 운동부터 시도하는 것이 좋습니다. 이런 기본적인 동작들은 간단하면서도 효과적이며 별도의 장비 없이도 언제 어디서나 실천할 수 있습니다.

기초 근력이 길러지면 점차 덤벨이나 기구를 활용해 특정 근육을 집중적으로 단련하고 저항을 높여가는 방식으로 발전시킬 수 있습니다. 운동 초반에는 각 동작을 10~15회씩 3세트 정도 수행하는 것을 목표로 하되 자신의 체력에 맞게 조절하는 것이 중요합니다. 부상의 위험을 줄이기 위해 무게와 강도는 점진적으로 늘려가며 몸이 자연스럽게 적응할 수 있도록 해야 합니다.

바쁜 일상에서도 근력 운동을 실천하는 방법 가운데 하나가 '1분 운동'입니다. 팔굽혀펴기, 스쾃, 윗몸일으키기, 플랭크 같은 간단한 운동을 1분만 해도 활동량을 늘릴 수 있습니다. 매시간

알람을 설정해 두고 짧은 운동을 반복하면 하루 동안 10분 이상 근력 운동 효과를 누릴 수 있습니다. 여유가 있다면 5~10분으로 시간을 늘려서 다양한 동작을 조합해 보는 것도 좋습니다.

예를 들어, 팔굽혀펴기를 한 뒤 1분간 플랭크를 하고 스쾃이나 런지를 추가하는 방식으로 짧지만 강력한 운동 루틴이 완성됩니다. 이렇게 하면 심박수가 올라가고, 혈류가 증가하며, 근육이 활성화되어 몸에 활력이 생깁니다.

운동을 처음 시작하면 며칠 동안 근육통이 느껴질 수 있습니다. 이는 몸이 새로운 자극에 적응하는 과정에서 나타나는 자연스러운 반응입니다. 가벼운 스트레칭을 병행하면 근육의 긴장을 풀고 회복을 도울 수 있습니다.

무엇보다 중요한 것은 꾸준함입니다. 지속해서 실천하면 근력이 향상되고, 전반적인 건강이 좋아지며, 일상생활에서도 더 활기차고 가뿐해진 몸의 변화를 경험할 수 있을 것입니다.

장운동

장은 '제2의 뇌'라 불릴 만큼 몸과 마음에 큰 영향을 미치는 기관입니다. 실제로 장에는 뇌 다음으로 많은 신경세포가 분포해 있으며 단순한 소화 기능을 넘어 다양한 역할을 합니다. 균형감각, 호흡, 혈압, 유연성, 에너지 수준까지 전반적인 웰빙에 관여하고 면역 체계의 약 70%가 장에서 형성됩니다. 또한 행복 호르몬이라 불리는 세로토닌의 95%가 장에서 생성되기 때문에 장의 건강은 정신적 안정과 감정 조절에 깊은 영향을 미칩니다.

장 건강을 유지하려면 균형 잡힌 식사, 충분한 수분 섭취, 스트레스 관리, 규칙적인 운동이 필수적입니다. 많은 사람이 발효 식품이나 유산균 보조제를 먹으면서 장 건강을 관리하지만 그보다 더 쉽고 효과적인 방법이 있습니다. 바로 '장운동'을 통해 직접 장을 활성화하는 것입니다.

장운동 방법은 매우 간단합니다. 아랫배에 집중하여 배를 당겼다 풀어주는 동작을 반복하면 됩니다. 배를 당길 때는 마치 배가 등에 닿을 듯이 깊숙이 집어넣고 동시에 항문을 조이면 효과가 더욱 커집니다. 다시 배를 밀어낼 때는 풍선에 바람을 넣듯 천천히 내밀며 압력을 느껴보세요.

처음에는 50회 정도로 시작해 점차 횟수를 늘려가는 것이 좋습니다. 익숙해지면 1분에 100회, 10분 동안 1000회 반복하는 것도 가능합니다. 하루 1000회를 꾸준히 실천하면 아랫배가 따뜻해지면서 '머리는 시원하고 아랫배는 따뜻한' 수승화강水昇火降 상태의 에너지 균형이 만들어집니다.

장운동은 호흡을 편안하고 깊게 만들어 마음을 가라앉히고 집중력을 높이는 데도 효과적입니다. 호흡이 안정되면 감정이 차분해지고 스트레스 반응이 줄어들어 더욱 명료하게 사고할 수 있습니다.

꾸준한 장운동은 피로 해소를 촉진하고, 신체적·정신적으로 더 오래 활력을 유지하는 데 도움이 됩니다. 특히 쉽게 지치거나 활동량이 많은 사람들에게는 체력을 보강하고 회복 속도를 높이는 데 효과적인 방법이 될 수 있습니다. 아침에는 하루를 활기차게 시작하는 준비 운동이 되고, 저녁에는 쌓인 피로를 풀어주는 회복 운동이 되어줄 것입니다.

9장

깨어 있으려면

명상하라

명상은 단순히 몸을 이완하는 기술이 아니라 흐트러진 주의력을 모으고, 내면의 소리에 귀 기울이며, 뇌의 잠재력을 일깨우는 가장 기본적이면서도 강력한 브레인 스포츠입니다. 명상을 하면 몸과 마음이 균형을 이루고, 산만했던 생각이 차분하게 정리되며, 집중력이 높아지고 의식의 지평이 넓어집니다. 그 과정에서 스스로 마음을 다스리는 힘이 길러지며 삶을 주도적으로 이끌 수 있는 통찰과 에너지를 얻게 됩니다.

턱걸이 같은 신체 운동이 근력을 키우고 의지력을 단련하듯 명상은 내면의 지혜를 일깨워 직관과 통찰을 경험하게 합니다. 이번 장에서는 명상이 어떻게 뇌를 재정비하고, 내면의 잠재력을 깨우며, 브레인폰을 활성화해 매 순간 깨어 있는 삶을 가능하게 하는지 살펴보겠습니다.

명상은 뇌의 영점 조율

우리는 매일 수많은 외부 자극 속에서 살아갑니다. 끊임없이 쏟아지는 정보와 다양한 방해 요소들이 우리의 주의를 분산시키고, 내면을 들여다볼 여유를 앗아갑니다. 명상은 외부로 향해 있는 의식을 내면으로 돌려 자신을 탐구하고 내면에 내재된 조화와 평화를 회복하도록 돕는 기술입니다. 명상은 뇌의 '영점'을 조정하여 자연스러운 균형 상태를 회복하도록 돕습니다. 뇌를 저울이라고 상상해 보세요. 무거운 물건을 계속 올려놓기만 하면 저울의 균형이 흐트러져 정확한 무게를 측정할 수 없듯, 우리의 마음도 정리되지 않은 생각, 감정, 습관이 쌓이면 균형을 잃기 쉽습니다. 명상은 이러한 정신적 부담을 덜어내고, 뇌의 균형을 회복하도록 돕는 '리셋 버튼' 역할을 합니다.

이 과정에서 중요한 것이 '관찰자 의식'입니다. 관찰자 의식은 자기 생각과 감정을 판단하거나 분별하지 않고 '있는 그대로' 바라보는 마음의 눈입니다. 우리는 평소에 생각이나 감정이 떠오르면 자석에 끌리듯 순간적으로 반응하며 그 흐름에 휩쓸리기 쉽습니다. 하나의 생각에 집착하면 그 생각이 꼬리에 꼬리를 물고 이어지며 특정 감정에 사로잡히면 그 감정이 점점 커져 나를 압도하게 됩니다. 결국 '나'는 사라지고 생각과 감정 그 자체가 되어버리는 것입니다.

관찰자 의식의 핵심은 생각과 감정, 그리고 '나' 사이에 공간을 만드는 데 있습니다. 생각과 감정이 자신과 너무 밀착해 있으면 상황을 객관적으로 바라보기 어렵고 무의식적으로 끌려다니기 쉽습니다. 거울을 너무 가까이 들이대면 얼굴 전체를 볼 수 없는 것처럼 말입니다. 하지만 생각과 감정에서 한 발짝 떨어져 마치 제삼자의 시선으로 바라보기 시작하면 그 사이에 틈이 생깁니다. 이 틈을 통해 우리는 자기 생각이나 감정을 성찰하고 조절하며 변화시킬 여유를 가질 수 있게 됩니다. 이때 생각과 감정은 내가 아니라 내가 활용하고 조절할 수 있는 '내 것'이 됩니다.

생각과 감정은 날씨와도 비슷합니다. 우리가 비가 오는 걸 막을 수 없고 날씨를 따뜻하게 바꿀 수 없듯이, 생각과 감정도 외부 자극이나 상황에 따라 자연스럽게 생겨나는 것입니다. 하지만 비가 오면 우산을 쓰고 추우면 따뜻한 옷을 입듯이, 감정도 우리가 어떻게 대하느냐에 따라 전혀 다른 경험이 됩니다. 관찰자의 시선으로 보면 생각과 감정은 고정된 실체가 아니라 늘 변하고 흘러가는 하나의 현상일 뿐입니다. 이 사실을 깨닫게 되면 불필요한 집착이나 감정의 소용돌이에 휩쓸리지 않고 담담하고 안정된 마음을 유지할 수 있습니다.

명상은 생각이나 감정을 없애는 것이 아닙니다. 그것들을 있는 그대로 바라보는 훈련입니다. 좋다 싫다 판단하지 않고 조용히 지켜보면 꼬리를 물고 이어지던 생각의 흐름이 자연스럽게 잦아듭니다. 감정을 억누르거나 밀어내려 하지 않고 그냥 바라보면 그 감정의 강도도 점차 약해져 빠져나오기 쉬워집니다.

명상하면 생각과 감정에 휩쓸려 불필요한 고통을 겪는 일이 줄어듭니다. 또한 관찰자 의식은 우리가 무의식적으로 반복하는 생각과 행동 패턴을 더 잘 알아차리게 합니다. 특정 상황에서 어떤 감정이 촉발되는지, 자신이 어떻게 반응하는지, 그리고 이러한 반응이 어디에서 비롯되었는지를 자각할 수 있습니다. 이러한 과정을 통해 우리는 자동적이고 수동적인 반응에서 벗어나 보다 의식적이고 주도적인 선택을 할 수 있게 됩니다. 오래된 감정의 잔재나 기억에 얽매이지 않고, 더욱 명료한 판단과 긍정적인 선택이 가능해집니다.

명상과 감정 조절

명상은 뇌와 몸에 실제적인 변화를 일으켜 감정의 균형을 찾고 내면의 안정감을 키우는 강력한 방법입니다. 우리가 운동으로 근육을 단련하듯 명상은 뇌의 구조와 기능을 변화시켜 감정 조절 능력을 기르고 스트레스에 더욱 유연하게 대응할 수 있도록 돕습니다. 이를 뒷받침하는 다양한 연구도 있습니다.

명상은 뇌의 구조 자체를 변화시킵니다. 2009년 미국 캘리포니아대학교 LA 캠퍼스의 연구에 따르면, 오랫동안 명상을 해온 사람들은 기억을 담당하는 해마와 감정 조절에 중요한 역할을 하는 안와전두피질이 더 발달한 것으로 나타났습니다. 이러한 변화는 감정을 건강하고 안정적으로 조절할 수 있게 해주며 예상치 못한 어려운 상황에서도 침착함을 유지하는 데 도움이 됩니다.

또한 명상은 위험을 느끼거나 스트레스 상황에서 활성화되는 뇌의 경보 시스템인 '편도체'를 진정시킵니다. 편도체는 위험을 감지하거나 스트레스 상황에서 즉각 반응하는 역할을 하며 불안이나 공포 등의 감정과 밀접하게 연결되어 있습니다. 그러나 현대사회의 지속적인 스트레스는 편도체를 지나치게 활성화해 불안과 긴장이 만성화되기 쉽습니다. 하버드 의과대학 연구원 가엘 데스보르드^{Gaëlle Desbordes}의 연구에 따르면, 8주간 명상 프로그램에 참여한 사람들은 편도체 활동이 줄어들었습니다. 특히 명상하지 않는 시간에도 이 변화가 계속 이어졌다는 점이 인상적입니다. 이러한 결과는 명상이 단지 명상하는 시간에만 영향을 미치는 것이 아니라 일상에서도 감정을 더욱 안정적으로 조절하는 데 도움이 된다는 사실을 보여줍니다.

그뿐만 아니라 명상은 뇌의 화학적 균형을 조절하는 데에도 도움이 됩니다. 명상하면 세로토닌과 엔도르핀 같은 행복 호르몬의 분비가 촉진되어 스트레스를 효과적으로 다룰 수 있습니다. 또한 부교감신경을 활성화하여 '투쟁-도피' 반응을 완화하고, 이완과 회복을 촉진합니다. 이는 심박수를 낮추고 스트레스 호르몬 분비를 줄여 마음을 안정된 상태로 이끌어줍니다.

명상은 관찰자 의식을 키워 생각과 감정을 더 객관적으로 바라볼 수 있도록 합니다. 덕분에 감정에 휘둘리거나 지나친 걱정에 빠지는 일이 줄어들고 감정을 건강하게 다룰 힘이 생깁니다. 생각과 감정을 있는 그대로 관찰하는 연습을 하다 보면 자신을 더 깊이 이해하게 되고 불필요한 감정 소모도 줄어듭니다.

또한 명상은 자신과 타인을 향한 친절과 연민을 키우는 역할을 합니다. 이는 인간관계를 더욱 깊고 탄탄하게 만들고, 정서적 회복력을 강화하며, 자기 확신을 높이는 데 도움을 줍니다. 자기 자신을 따뜻한 시선으로 바라보고 이해할 수 있을 때 삶에서 마주하는 어려움도 훨씬 더 유연하고 긍정적으로 받아들일 수 있습니다.

감정의 균형을 찾고 내면의 평온함을 키우고 싶다면 명상을 생활화하는 것만큼 효과적인 방법은 없습니다. 감정을 더 건강하게 다루고 싶을 때, 스트레스와 불안을 줄이고 싶을 때, 혹은 진정성 있는 인간관계를 만들고 싶을 때, 명상을 통해 얻는 정서적 안정감은 삶의 모든 영역에서 커다란 힘이 되어줄 것입니다.

명상과 인지 기능

바쁜 일상에서 집중이 잘 안되고, 머리가 멍하거나 무거운 느낌이 계속된다면 명상을 해보세요. 명상은 주의력, 기억력, 창의력을 높이고 정신적 수행 능력을 향상하는 데 효과적입니다. 무엇보다도 오랜 시간을 들이지 않아도 큰 변화를 경험할 수 있습니다.

2007년 미국 오리건대학교 이위안 탕[Yi-Yuan Tang] 박사의 연구에 따르면, 단 5일간의 명상 훈련만으로도 주의력과 자기 조절 능력이 향상된 것으로 확인되었습니다. 이 연구에서는 이완, 심상 훈련, 마음챙김을 결합한 명상법이 감정 조절과 집중을 담당하는 뇌 영역을 활성화하는 데 효과적인 것으로 나타났습니다. 그 결과 집중력이 높아지고 정신이 더욱 명료해졌습니다.

장기간 명상을 실천하면 이러한 효과는 더욱 뚜렷해집니다. 2005년, 하버드 의과대학 사라 라자[Sara Lazar] 박사의 연구에서는 오랫동안 명상을 실천해 온 사람들의 대뇌피질이 명상하지 않은 사람들보다 더 두꺼운 것으로 확인되었습니다. 특히 주의력과 감각 처리를 담당하는 전전두엽과 우측 전방 뇌섬의 두께 증가가 두드러졌습니다. 이는 정기적인 명상이 뇌의 인지 기능을 강화하고 뇌 건강에 긍정적인 영향을 미친다는 점을 보여줍니다.

명상의 효과는 단지 뇌 구조의 변화에 그치지 않습니다. 명상은 지금 이 순간에 집중하는 능력을 키우고, 주의가 산만해지는 것을 방지하며, 문제를 명확하게 바라볼 수 있게 합니다. 또한 뇌로 가는 혈류를 증가시켜 기억력과 의사 결정에 필요한 산소와 영양소 공급을 더 원활하게 합니다.

독일 막스플랑크 연구소에서 진행한 연구에 따르면, 6개월 동안 명상을 실천한 참가자들의 코르티솔 수치가 25% 감소한 것으로 나타났습니다. 코르티솔은 대표적인 스트레스 호르몬으로 수치가 높아지면 몸과 마음에 부정적인 영향을 줄 수 있습니다.

이 연구는 명상이 스트레스를 효과적으로 줄이고, 집중력과 명료한 사고를 유지하는 데 도움이 된다는 사실을 뒷받침합니다.

또한 명상은 자기 생각을 객관적으로 바라보고 조절하는 능력인 '메타인지'를 향상하는 데 도움을 줍니다. 미국 노스캐롤라이나 대학교 파델 자이단^{Fadel Zeidan} 박사의 연구에서는 명상이 메타인지와 작업 기억을 개선하는 것으로 나타났습니다. 연구 참가자들은 명상한 후 집중력이 높아지고 자신의 정신적 상태를 더욱 효과적으로 관리할 수 있게 되었다고 보고했습니다.

명상은 뇌를 최적의 상태로 유지하고 그 기능을 한층 더 끌어올리는 데 도움이 되는 최고의 습관입니다. 하루 몇 분만이라도 명상을 실천해 보세요. 명상의 효과를 느끼는 데 긴 시간이 필요한 것은 아닙니다. 중요한 것은 길게 하는 것보다 짧더라도 매일 꾸준히 실천하는 것입니다. 짧은 명상만으로도 머리가 맑아지고 집중력이 높아지는 변화를 충분히 경험할 수 있습니다. 꾸준한 명상 습관은 뇌 구조에도 긍정적인 변화를 일으켜 장기적인 인지 기능 향상에 도움을 줍니다.

명상과 뇌 건강

명상은 나이가 들어도 인지 기능을 유지하고 정신적 명료함과 활력을 높이는 데 큰 도움이 됩니다. 연구에 따르면 꾸준한 명상 습관은 인지 저하를 늦추고, 뇌의 노화를 방지하며, 정신적 건강과 삶의 질을 높이는 데 효과가 있는 것으로 나타났습니다.

2014년 캘리포니아대학교의 연구에 따르면, 장기간 명상을 실천한 사람들은 뇌의 회백질 감소가 훨씬 적었습니다. 회백질은 정보 처리와 의사 결정에 중요한 역할을 하기에 이를 유지하는 것은 인지 능력을 지키는 데 매우 중요합니다.

명상의 효과는 뇌뿐만 아니라 세포 수준에서도 나타납니다. 하버드대학교 엘리자베스 호지Elizabeth Hoge 박사의 연구에 따르면, 명상 경험이 풍부한 사람들은 텔로미어telomere 길이가 더 긴 것으로 확인되었습니다. 특히 여성 명상 수행자들에게서 이러한 효과가 더 두드러지게 나타났습니다. 텔로미어는 염색체 끝을 보호해 세포의 건강과 노화 속도를 결정하는 중요한 역할을 합니다. 이 연구는 명상이 생물학적 노화를 늦추고 세포의 회복력을 높이는 역할을 할 가능성이 크다는 사실을 보여줍니다.

또한 명상은 뇌 가소성을 촉진하여 신경 연결을 강화하고 기억력과 감정 조절 같은 필수적인 뇌 기능을 보호하는 역할도 합니다. 이를 통해 신경망이 더욱 유연하고 탄력적으로 유지되면서 정신적 민첩성과 균형을 오랫동안 지속할 수 있습니다.

노화와 질병을 촉진하는 주요 원인 중 하나는 스트레스입니다. 명상은 코르티솔 수치를 낮추고 신경계를 안정시켜 만성 스트레스가 뇌와 몸에 미치는 부정적인 영향을 줄이는 데 효과적입니다. 또한 감사와 연민 같은 긍정적인 감정을 키워 심혈관 건강을 개선하고, 면역력을 높이며, 정서적 회복력을 높이는 데도 도움을 줍니다.

이뿐만 아니라 명상은 수면의 질을 높여 세포 회복을 촉진하고 인지 기능이 원활하게 유지되도록 돕습니다. 또한 기분을 조절하는 신경전달물질의 분비를 촉진해 감정적 안정감을 높이고, 건강한 생활 습관을 형성하는 데도 긍정적인 영향을 미칩니다.

명상은 언제 시작하든 더 건강하고 활기찬 삶을 위한 든든한 토대가 됩니다. 특히 나이가 들어서도 또렷한 정신과 건강한 뇌를 유지하고 싶다면 하루라도 빨리 명상하는 습관을 들이는 것이 좋습니다.

명상과 뇌 휴식

우리 뇌에는 아무것도 하지 않고 멍하니 있을 때 오히려 더 활발해지는 영역이 있습니다. 바로 '디폴트 모드 네트워크(DMN)'라고 불리는 부위입니다. 우리가 특정한 일에 집중하지 않고 편안히 쉴 때, 이 네트워크가 활성화되면서 뇌는 과거를 회상하거나 미래를 계획하고, 자신을 돌아보는 내면 활동을 시작합니다. 이 과정에서 우리는 자신을 성찰하고 감정을 조절하며 삶의 방향을 설정하는 데 필요한 통찰을 얻기도 합니다. 또한 디폴트 모드 네트워크는 창의적인 아이디어를 떠올리거나 문제 해결의 실마리를 찾는 데도 중요한 역할을 합니다.

이처럼 디폴트 모드 네트워크는 자아 성찰과 창의적 사고, 장기적인 목표 설정에 필수적인 기능을 담당하지만 과도하게 활성화되면 오히려 문제가 될 수 있습니다. 연구에 따르면 이 네트워크가 지나치게 활성화되면 우울감이나 불안을 유발할 가능성이 높아집니다. 또한 알츠하이머, 주의력결핍 과잉행동장애(ADHD), 자폐 스펙트럼 장애, 외상 후 스트레스 장애(PTSD), 조현병 등과도 연관이 있다고 합니다.

아무 일도 하지 않고 가만히 있는데도 불안과 걱정이 몰려온 경험이 있을 것입니다. 과거의 실수를 반복해서 떠올리며 자책하거나, 누군가의 말이나 행동을 되새기며 원망과 분노를 키우거나, 다가오지 않은 미래를 걱정하며 초조함을 느낀 적이 있을 것입니다. 이는 디폴트 모드 네트워크가 과도하게 활성화된 상태일 가능성이 높습니다. 이 상태에서는 몸은 쉬고 있어도 뇌가 쉴 새 없이 작동하면서 감정 소모가 심해져 지치고 피로감을 느끼게 됩니다. 이럴 때는 명상이 큰 도움이 됩니다. 명상은 디폴트 모드 네트워크의 과도한 활동을 완화하고 뇌를 쉬게 해줍니다.

예일대학교 저드슨 브루어Judson Brewer 박사 연구팀에 따르면 숙련된 명상가는 명상 중 디폴트 모드 네트워크의 활동이 현저히 감소한다고 합니다. 이는 자동적인 사고 흐름을 조절하는 '관찰자 의식'이 활성화된 결과로, 부정적인 생각에서 벗어나 더 창의적이고 긍정적인 방향으로 사고를 전환하는 데 도움을 줍니다.

또한 명상은 뇌가 자유롭게 사고하거나 깊이 집중하는 상태를 유연하게 오갈 수 있도록 돕습니다. 일반적으로 우리는 집중할 때는 다른 생각을 억누르려 하고, 휴식을 취할 때는 무작위로 떠오르는 생각에 휩쓸리곤 합니다. 하지만 명상을 통해 이 두 가지 상태를 조화롭게 유지할 수 있습니다. 즉, 긴장하지 않으면서도 깊이 몰입할 수 있는 '이완된 집중 상태'에 이를 수 있습니다.

이완된 집중 상태에서는 특정 대상에 주의를 기울이면서도 마음을 편안하고 안정되게 유지할 수 있습니다. 예를 들어, 호흡에 집중하면서 스쳐 지나가는 생각들을 억지로 밀어내지 않고 그 흐름을 있는 그대로 지켜볼 수 있습니다. 이 과정에서 뇌는 고요하면서도 창의적인 스파크를 일으키고 직관과 통찰이 자연스럽게 떠오르는 환경을 마련합니다. 많은 사람들이 깊은 명상 중 새로운 아이디어와 해결책이 떠오르는 경험을 하는 것도 이 때문입니다.

이러한 훈련을 일상이나 업무에 적용하면 지나치게 긴장하거나 스트레스를 받지 않고도 자연스럽게 집중할 수 있습니다. 복잡한 생각에 얽매이지 않고 주의를 한곳에 모을 수 있기 때문에 더 빠르고 명확한 판단이 가능해지고, 과도한 자기비판이나 부정적 사고에서 벗어나는 데도 도움이 됩니다.

명상과 마음의 수용력

명상의 또 다른 중요한 효과는 '수용하는 힘'을 길러준다는 것입니다. 여기서 말하는 수용은 부당한 상황을 묵인하거나 체념하는 것이 아닙니다. 수용受容이란 상황, 타인, 그리고 자신을 있는 그대로 인정하고 받아들이는 태도를 뜻합니다. 이러한 마음가짐을 가지면 현실을 거부하거나 부정하는 대신 더 효과적으로 대응할 수 있습니다.

명상하면 의식이 확장되면서 우리의 시야도 넓어지고 자연스럽게 마음의 수용력 또한 커집니다. 자신이 원하는 것에만 집착할 때는 다른 가능성을 받아들이기가 어렵습니다. 하지만 명상을 통해 의식이 확장되면 자기 생각이나 감정뿐만 아니라 타인의 시각과 전체적인 맥락까지 이해하는 힘이 생깁니다. 이러한 태도는 저항이나 부정 없이 상황을 받아들이게 도와주며 더 명확한 판단과 효과적인 행동을 가능하게 합니다.

반대로 수용하지 못하면 감정적 혼란과 정신적 스트레스가 커질 수 있습니다. 예를 들어, 슬픔이나 분노 같은 감정을 억누르거나 부정하면 오히려 그 감정이 더 강해지고 지속적인 불안과 스트레스의 원인으로 이어질 수 있습니다. 또한 상황을 있는 그대로 받아들이지 않으면 문제의 근본 원인을 파악하기가 어렵고 해결책을 찾는 것도 힘들어집니다. 수용하지 않으면 자신이나 타인을 비난하게 되고 이는 불필요한 갈등과 긴장을 불러올 수 있습니다.

명상하면 수용하는 힘이 길러지는 것은 자각력과 감정 조절 능력이 함께 길러지기 때문입니다. 명상 중에는 관찰자 의식을 통해 떠오르는 생각이나 감정을 억누르거나 판단하지 않고 있는 그대로 바라보는 연습을 하게 됩니다. 이러한 훈련은 일상에서 마주하는 어려움이나 고통스러운 상황에도 자연스럽게 수용하는 태도를 기르는 데 도움을 줍니다. 꾸준한 명상은 뇌의 편도체를 안정시키고 전전두엽을 활성화해 감정적 반응을 차분히 조절할 수 있도록 돕습니다. 편도체는 불안과 스트레스를 유발하는 영역이며, 전전두엽은 감정을 조절하고 논리적으로 사고하는 역할을 합니다. 명상을 통해 이 두 영역의 균형이 맞춰지면, 감정이 폭발적으로 반응하는 일이 줄어들어 침착하고 유연하게 감정을 받아들일 수 있습니다.

수용하는 태도는 우리가 어려운 상황에서도 자기를 조절하고 다시 일어설 수 있는 내적 회복력을 키워줍니다. 고통과 실망을 부정하거나 억누르는 대신 있는 그대로 받아들이면 변화에 대한 두려움이 줄어들고, 불확실한 상황에도 더 유연하게 대처할 수 있습니다. 이러한 태도는 회복탄력성을 높여 어려움이 닥쳐도 쉽게 흔들리지 않는 심리적 강인함을 길러줍니다.

명상을 통해 수용하는 법을 배우면 불편한 경험이나 관계, 감정을 외면하지 않고 있는 그대로 받아들일 수 있습니다. 수용을 통해 우리는 상황의 피해자로 머무는 것이 아니라 능동적으로 문제를 해결할 힘을 갖게 됩니다.

명상에 임하는 마음가짐

우리는 저마다 다양한 이유로 명상을 시작합니다. 스트레스를 줄이거나 수면의 질을 개선하거나 집중력을 높이려는 실용적인 목적에서부터 삶의 의미나 깨달음을 찾고자 하는 영적인 동기까지, 명상을 시작하는 이유는 각기 다릅니다. 실제로 명상은 이러한 목표에 도움을 줍니다. 많은 사람들이 명상을 통해 몸과 마음의 긍정적인 변화를 경험하며 자신이 원하는 삶에 한 걸음 더 가까워집니다.

하지만 명상할 때 가장 바람직한 마음가짐은 '어떤 목적도 갖지 않는 것'입니다. 만약 명상에 진정한 목적이 있다면, 그것은 외부의 조건에 얽매이지 않는 자유롭고 평온한 마음 상태를 회복하는 것입니다. 이는 앞서 이야기한 뇌의 영점을 되찾고 관찰자 의식을 유지하는 것과 같은 맥락입니다.

그렇다고 실용적인 목적을 내려놓으라는 뜻은 아닙니다. 어떤 이유든 괜찮으니 망설이지 말고 명상을 시작해 보세요. 원하는 목적에 도움이 되는 명상법을 찾아 실천하면서 그 효과를 충분히 느껴보세요. 그런데 명상을 지속하다 보면 처음의 목적과는 상관없이 명상 자체를 즐기고 그 깊은 본질을 점차 이해하게 됩니다.

어떤 목적으로 명상을 시작하든 명상은 우리를 자연스럽게 자기 탐구의 길로 이끕니다. 사실 누구나 자신에 대해 더 알고 싶어 하는 내면의 열망이 있습니다. 바쁜 일상과 외부 자극에 가려 때로는 잊고 살지만 우리는 결코 자기 자신에 대한 탐구를 멈추지 않습니다. 명상은 우리가 잊고 있던 이 열망을 다시 일깨우고, 더 깊은 자기 탐구와 발견으로 나아가게 합니다. 명상은 어떤 목표를 이루기 위한 수단이 아니라 자기 자신과 삶의 본질에 다가가는 여정입니다.

이 여정에 도움이 되는 태도는 정직함, 겸손함, 열린 마음입니다. 정직함은 우리의 생각, 감정, 한계를 있는 그대로 받아들이게 합니다. 명상은 내면을 들여다보는 것이기 때문에 자신을 속이거나 외면하면 깊은 성찰이 어렵습니다. 겸손함은 명상에서 빠질 수 없는 태도입니다. 배우려는 자세로 임하고 모든 경험을 있는 그대로 받아들이는 태도가 중요합니다. 자신이 이미 충분히 알고 있다고 생각하면 새로운 것을 받아들일 수 없습니다. 명상은 무엇을 성취하는 과정이 아니라 지금 이 순간을 온전히 경험하는 것입니다. 열린 마음은 새로운 경험을 기존의 틀에 얽매이지 않고 받아들이는 유연한 자세입니다. 상황이나 결과를 통제하려는 마음을 내려놓을 줄 알아야 합니다. 특정한 기대나 선입견 없이 있는 그대로 받아들일 때 명상은 더욱 깊고 의미 있는 경험이 됩니다.

정직함, 겸손함, 열린 마음으로 명상에 임하면 명상은 우리에게 다양한 선물을 안겨줍니다. 명상은 몸과 마음의 건강을 돕고, 오랫동안 풀리지 않던 질문의 답을 찾게 하며, 내면의 평화와 자

기 이해로 나아가는 길을 열어줍니다. 그러나 이러한 변화는 명
상의 목표가 아니라 자신을 열린 마음으로 탐구하는 과정에서
자연스럽게 따라오는 결과입니다.

자신을 알고자 하는 순수한 호기심과 열망을 품고 명상하며
그 과정에서 얻는 모든 것을 감사하게 받아들이세요. 그러면 명
상은 우리에게 조건에 얽매이지 않는 자유로운 마음과 삶을 새
로운 시선으로 바라보는 지혜를 선물할 것입니다.

추천하는 명상법

어떤 명상이든 뇌의 영점을 조율하고 관찰자 의식을 일깨워줄
수 있다면 훌륭한 명상이라 할 수 있습니다. 그중에서도 누구나
쉽게 따라 할 수 있으며 효과를 체험하기 좋은 세 가지 명상법을
추천합니다. 에너지 느끼기, 호흡 명상, 그리고 몸을 움직이며
하는 동적 명상입니다.

이 세 가지 명상을 권하는 이유는 각각 에너지 감각, 호흡, 동
작에 집중하도록 유도해 초보자도 자연스럽게 관찰자 의식을
경험할 수 있도록 돕기 때문입니다. 특히 구체적인 감각을 활용
하기에 명상에 익숙하지 않은 사람도 쉽게 몰입할 수 있습니다.
에너지 느끼기와 호흡 명상의 방법은 5장(100~102쪽 참조)에서
자세히 설명했으니 참고하기를 바랍니다.

동적 명상은 움직임을 활용하는 명상으로 '흔들기 명상'과

'뇌파진동'을 추천합니다. 이 명상법들은 몸을 움직이며 하는 과정에서 몸과 마음을 자연스럽게 깊은 이완과 집중 상태로 이끕니다. 동적 명상을 먼저 한 뒤에 에너지 느끼기나 호흡 명상을 이어가면 명상 효과를 더 깊이 체험할 수 있습니다.

흔들기 명상

명상이라고 하면 흔히 눈을 감고 가만히 앉아 있는 모습을 떠올리지만 움직이면서도 충분히 명상할 수 있습니다. 흔들기 명상과 같은 동적 명상은 전통적인 좌식 명상 못지않게 효과적입니다. 몸을 부드럽고 리듬감 있게 흔들며 가벼운 진동을 만들어내면 짧은 시간 안에 명상 상태에 들어갈 수 있습니다. 이러한 주기적인 진동은 끊임없이 떠오르는 생각을 잠재우고 흩어진 의식을 몸으로 불러오는 데 큰 효과가 있습니다.

우리는 반복적인 움직임을 통해 본능적으로 긴장을 풀고 안정을 찾습니다. 아기를 재울 때 요람을 흔들거나, 품에 안고 어르며 걸어 다니거나, 등을 토닥토닥 두드리는 것처럼 말입니다. 이러한 반복적인 동작이 아기에게 편안함과 안정감을 주듯 우리의 몸과 뇌도 가벼운 진동이 반복될수록 이완됩니다. 불안하거나 초조할 때 무의식적으로 다리를 떨거나 서성이는 것도 사실은 몸을 진동시켜 긴장을 풀려는 자연스러운 반응입니다.

두 발을 어깨너비로 벌리고, 무릎을 살짝 굽혀 편안하게 섭니다. 목과 어깨의 긴장을 내려놓고, 허리를 곧게 세웁니다. 이때 팔에는 힘을 빼고, 어깨에 자연스럽게 매달린 듯한 느낌이면 됩니다. 편안하게 호흡하며, 다리에 반동을 주어 몸을 가볍게 위아래로 흔듭니다. 척추가 움직이면서 가슴, 어깨, 허리가 이완되는 것을 느껴보세요. 이제 어깨와 팔을 자유롭게 흔들어 그 진동이 턱과 목 근육까지 전달되도록 합니다. 발바닥에 의식을 두면 체중이 자연스럽게 아래로 실리며 자세가 한층 안정됩니다.

자신에게 가장 편안한 속도와 강도로 움직이면 됩니다. 반복적으로 흔들다 보면 어느새 자기도 모르게 입으로 "후~"하고 숨을 내쉬게 됩니다. 몸 안의 긴장과 스트레스를 내보내듯 깊고 자연스럽게 숨을 내쉬며 긴장을 풀어줍니다.

3~5분 정도 흔들기 명상을 하면 몸이 따뜻해지고 호흡이 깊어지는 것을 느낄 수 있습니다. 경직되었던 관절과 근육이 풀리고, 마음이 차분해지며, 생각도 가라앉습니다. 동작을 멈춘 뒤에는 가만히 서서 몸속에 남아 있는 미세한 진동을 느껴보세요. 1분 정도 편안하게 호흡하고 마무리합니다.

뇌파진동 명상

진동을 활용한 또 다른 동적 명상은 목을 좌우로 가볍게 흔들면서 아랫배를 리듬감 있게 두드리는 것입니다. 이 명상법은 짧은 시간 안에 뇌파를 안정시키기 때문에 '뇌파진동'이라고 부릅니다.

2012년 런던대학교와 한국뇌과학연구원이 공동으로 진행한 연구에 따르면, 뇌파진동은 기분을 개선하고 에너지를 높이며 스트레스 완화와 자각력 향상에 효과적인 것으로 나타났습니다. 특히 정적인 명상보다 우울감을 줄이고 빠르게 수면을 유도하는 데 더욱 효과적인 것으로 확인되었습니다.

스트레스를 받으면 경추 1번, 즉 두개골과 목뼈가 만나는 부위가 긴장됩니다. 이 부위의 긴장이 풀리지 않으면 목 전체가 뻐근해지고 어깨와 척추까지 굳어 상반신 전체에 불편함이 생깁니다. 이때 긴장을 자연스럽게 푸는 방법은 아기들이 '도리도리' 하듯 목을 좌우로 부드럽게 흔드는 것입니다. 동시에 두 손으로 가볍게 주먹을 쥐어 새끼손가락 쪽이 아랫배에 닿도록 리듬감 있게 두드리며 입으로 천천히 숨을 내쉽니다. 머리를 좌우로 흔들면서 몸 안에 흔들리지 않는 중심축을 느끼는 것이 중요합니다. 이 중심축은 척추가 지나가며 자율신경이 자리한 곳으로 신체 균형과 안정의 핵심입니다.

처음에는 천천히 부드럽게 목을 흔들다가 익숙해지면 조금씩 속도를 높여봅니다. 이때 머릿속이 무겁거나 뜨거운 기운이 느껴진다면 입으로 숨을 내쉬며 그 에너지를 밖으로 흘려보냅니다. 이 동작은 목의 긴장을 완화하고 머리로 흐르는 혈액과 에너지의 순환을 원활하게 만들어 머리를 시원하게 해줍니다. 또한 아랫배를 리듬감 있게 두드리면 그곳에 열감이 생기면서 '수승화강水昇火降', 머리는 시원하고 아랫배는 따뜻한 최적의 에너지 균형 상태를 경험할 수 있습니다. 이 상태에서 자연스럽게 이완된 집중 상태로 들어갈 수 있습니다.

뇌파진동 명상은 짧게는 3분, 길게는 20분 이상까지 진행할 수 있습니다. 뇌파진동을 마친 후에는 두 손을 무릎 위에 가볍게 올리고, 1~3분 정도 편안하게 호흡하며 자신의 몸과 마음을 느껴보세요. 호흡이 자연스럽게 안정되고 깊어지면서 마음속에 감사와 평화가 차오르는 것을 느낄 수 있을 것입니다.

기공, 움직이는 명상

명상과 함께 내가 꼭 추천하고 싶은 브레인 스포츠가 있습니다. 바로 기공입니다. 기공은 명상의 한 형태이기도 하지만 주로 신체의 움직임과 에너지 흐름에 초점을 맞춘다는 점에서 차별화된 특징을 지닙니다. 의식을 집중해 에너지를 느끼고 그 흐름을 조절하는 것, 이것이 기공의 핵심입니다. 그래서 나는 기공을 '움직이는 명상'이라 부릅니다.

기공은 전통적인 명상처럼 정신을 맑게 하고 몸을 이완시키는 효과가 있습니다. 여기에 더해 신체 움직임과 에너지 흐름, 호흡에 동시에 집중함으로서 뇌가 몸의 다양한 감각을 더욱 세밀하게 인식하고 조절할 수 있도록 돕습니다.

기공이 훌륭한 브레인 스포츠인 이유는 마음을 쓰는 법을 몸으로 익히게 해주기 때문입니다. 기공은 '마음이 가는 곳에 에너지가 따른다'라는 이른바 심기혈정心氣血精의 원리에 기반합니다. 이는 우리가 주의를 어디에 두느냐에 따라 에너지가 그곳으로 집중되고 활성화된다는 뜻입니다.

예를 들어, 에너지 감각을 처음 훈련할 때는 손에 마음을 집중합니다. 그러면 손에서 따뜻하거나 찌릿찌릿하거나 몽글몽글한 에너지의 느낌을 느낄 수 있습니다. 또한 아랫배에 의식을 집중하며 호흡할 때 마음으로 에너지가 그곳에 모인다고 상상하면 실제로 아랫배가 따뜻해지고 에너지가 충만해지는 경험을 하게 됩니다.

이러한 경험을 통해 우리는 마음으로 에너지의 강도와 방향을 조절할 수 있다는 것을 알게 됩니다. 더불어 몸과 뇌의 상태를 변화시키는 능력도 체득하게 됩니다. 이러한 경험이 쌓이면 기공을 통해 우리가 느끼고 움직이는 것이 단지 에너지가 아니라 우리의 마음 자체임을 깨닫게 됩니다.

마음을 사용하는 데 익숙해지면, 에너지를 자신의 몸이나 특정 부위에만 보내는 것에 그치지 않고 어떤 대상이나 장소에도 마음의 힘으로 에너지를 전달할 수 있습니다. 시간과 거리의 제약도 없으며 그 대상이 반드시 사람이어야 할 필요도 없습니다. 멀리 떨어져 있는 사람에게 위로와 치유의 에너지를 보낼 수 있고, 이루고자 하는 목표를 향해 에너지를 집중할 수도 있습니다. 또한 몇몇 대상에만 머무르지 않고 지구와 인류 전체, 모든 생명체와 존재하는 모든 것을 향해 축복과 치유의 에너지를 보낼 수도 있습니다.

기공은 단순히 에너지를 감지하고 조절하는 법을 배우는 것을 넘어 세상과 깊이 연결되는 방법을 알려줍니다. 집중된 의식을 통해 에너지를 다루다 보면 감각이 더욱 예민해지고 인간, 자연, 우주와의 유대감이 깊어집니다. 개인 차원을 넘어 더 큰 생명의 흐름 속에서 조화를 이루며 살아가는 법을 자연스럽게 익히게 됩니다.

초보자도 쉽게 따라 할 수 있는 두 가지 기공 동작을 추천합니다. 이 동작을 통해 에너지 감각을 키우고 기공이 선사하는 몸, 마음, 호흡의 깊은 조화를 직접 경험해보기를 바랍니다.

에너지 충전 걷기

에너지 충전 걷기는 자신의 걸음걸이와 호흡, 그리고 에너지의 흐름에 집중하며 걷는 것입니다. 먼저 발을 어깨너비로 벌리고 편안하게 서서, 팔은 자연스럽게 옆구리 옆에 늘어뜨립니다. 이 때 손바닥의 방향이 중요한데 손목을 돌려 손바닥이 앞쪽을 향하도록 펼칩니다. 나는 이 동작을 '손바닥을 연다'라고 표현합니다. 이렇게 하면 가슴과 허리가 자연스럽게 퍼지고, 자세가 안정되며, 에너지의 흐름도 원활해집니다.

이 자세를 유지한 채로 리듬감 있게 걷습니다. 터벅터벅 걷지 말고 고양이처럼 사뿐사뿐 걷는 것이 좋습니다. 걸을 때 발바닥이 땅에 닿고 떨어지는 감각에 세심하게 집중하며 걸음을 옮길 때마다 손바닥과 발바닥을 통해 기운이 들어와 온몸을 순환하는 것을 느껴봅니다.

걷는 속도는 자연스럽게 유지하되 발걸음과 손바닥, 온몸에 흐르는 에너지의 감각에 주의를 기울이는 것이 핵심입니다. 여기에 호흡을 더하면 에너지의 순환을 더 깊이 체험할 수 있습니다. 세 걸음을 걸으며 코로 숨을 들이마시고 다시 세 걸음에 맞춰 입으로 내쉽니다. 익숙해지면 네 걸음, 다섯 걸음으로 조절하며 자신에게 가장 자연스럽게 느껴지는 호흡 패턴을 찾아 연습해 보세요.

기공 스쿼

기공 스쿼은 앉았다 일어나는 단순한 하체 근력 운동을 넘어서는 강력한 수련법입니다. 상상력, 호흡, 에너지 감각을 결합해 몸과 마음의 조화를 이루고 신체의 힘을 기르면서 동시에 내면의 균형을 잡아주는 기공 동작입니다.

먼저 발을 어깨너비로 벌리고 편안하게 선 뒤, 허리를 곧게 펴줍니다. 양팔은 자연스럽게 옆으로 내리고, 호흡을 고르며 마음을 차분히 가라앉힙니다. 숨을 들이마시며 천천히 엉덩이를 뒤로 빼면서 무릎을 굽혀 스쿼 자세로 내려갑니다. 이때 손바닥이 위를 향하도록 하여 반원을 그리듯 자연스럽게 양팔을 옆으로 펼칩니다. 손바닥에 따뜻하고 부드러운 에너지가 모이는 것을 느껴보세요.

숨을 내쉬며 천천히 일어서면서 두 손을 몸의 중심으로 모읍니다. 손바닥을 아래로 향하게 해서 에너지를 땅으로 밀어내는 듯한 동작을 취합니다. 이때 몸의 중심인 단전에서부터 에너지가 강하게 뿜어져 나와 하체를 통과해 땅으로 내려가는 것을 상상합니다. 일어날 때는 마치 로켓이 에너지를 발사하며 솟아오르듯, 에너지의 힘으로 몸이 자연스럽게 밀려 올라오는 느낌에 집중합니다.

이 동작을 10회 반복하며 에너지가 다리와 골반을 통과하면서 뼈, 관절, 힘줄, 인대, 근육을 강하게 만드는 느낌에 주의를 기울입니다. 스쾃 자세로 내려갈 때는 코로 천천히 숨을 들이마시고, 일어날 때는 입으로 내쉬며 에너지가 몸을 순환하는 것을 느껴봅니다.

보기에는 단순한 스쾃 변형 동작처럼 보일 수 있지만 내면에서는 상상, 감각, 신체의 움직임이 조화를 이루며 뇌의 자연치유 능력과 창조력을 극대화하는 기공 동작입니다.

10장

공정하고

감사하라

브레인 스포츠의 효과를 극대화하고 브레인폰을 활성화하는 데 가장 중요한 태도는 '긍정'과 '감사'입니다. 이 두 가지는 삶의 회복력을 높이고 어려움을 기회로 바꾸는 강력한 힘이 됩니다. 긍정적인 면에 집중하고 감사하는 마음을 가질 때, 몸과 마음의 에너지도 더 원활하게 흐르고 창조력도 향상되며 삶의 질 또한 높아집니다. 긍정과 감사는 단지 좋은 감정이 아니라 뇌와 몸을 최상의 상태로 만드는 강력한 도구입니다.

　하지만 이런 마음가짐을 기르는 것이 쉽지만은 않습니다. 우리의 뇌는 본능적으로 부정적인 것에 더 집중하도록 설계되어 있기 때문입니다. 열 번 칭찬을 받았더라도 단 한 번의 비판적인 피드백이 모든 칭찬을 덮어버리는 경험을 해보았을 것입니다. "잘했어"라는 칭찬은 쉽게 잊히지만 부정적인 한마디는 마음에 오래 남아 자기를 의심하고 불안하게 만듭니다.

　이러한 현상은 뇌의 '부정 편향' 때문입니다. 우리의 뇌는 생존을 위해 부정적인 정보를 더 강하게 받아들이고 오래 기억하도록 진화해 왔습니다. 원시시대에는 작은 실수 하나가 생존을 위협할 수 있었기 때문에 뇌가 위험 요소를 빠르게 감지하고 경계하도록 발달한 것입니다. 하지만 현대사회에서는 부정 편향이 오히려 사소한 실수를 과장해서 받아들이고 긍정적인 경험을 가볍게 흘려버리는 문제를 일으킵니다.

　예를 들어, 소셜미디어에서 본 한 개의 부정적인 댓글이 하루 종일 머릿속을 맴돌며 기분을 망친 적이 있을 것입니다. 뉴스에서도 긍정적인 소식보다 재난, 스캔들, 위기 상황이 더 주목받고 쉽게 잊히지 않는 것도 같은 이유입니다.

　물론 부정적인 감정 자체가 나쁜 것은 아닙니다. 두려움은 위험에 대비하게 하고, 슬픔은 상실을 치유하는 데 필요합니다. 문제는 부정적인 감정이 마음을 지배할 때 생깁니다. 그 순간 우리는 기쁨과 희망을 잃고, 목표를 향해 나아갈 힘을 빼앗기며, 자기를 의심하게 됩니다. 그러다 보면 점점 무기력에 빠지고 정체 속에 갇혀버리게 됩니다.

　다행히 뇌는 변할 수 있습니다. 뇌는 '가소성'이라는 특성 덕분에 새로운 경험을 통해 계속해서 성장하고 변화할 수가 있습니다. 따라서 의식적으로 긍정과 감사를 실천하면 부정적인 편향에서 벗어나 더욱 균형 잡힌 시각을 가질 수 있습니다.

'절대긍정'의 힘

우리 뇌는 상상과 현실을 구분하지 못합니다. 그래서 실제로 부정적인 일이 일어나지 않았더라도 부정적인 생각만으로 스트레스 호르몬이 분비되어 몸과 마음에 부담을 줄 수 있습니다. 이런 생각이 반복되면 뇌는 자동으로 부정적 해석을 자동화하며 상황을 가능성이나 희망이 아닌 두려움, 의심, 한계의 관점에서 바라보게 됩니다.

예를 들어, 누군가의 행동을 불필요하게 의심하거나 실수할까 봐 불안해서 자꾸만 확인하는 습관이 생기기도 합니다. 이런 사고방식은 시야를 좁히고 가능성을 제한하며, 상황을 있는 그대로 보기보다 부정적으로 해석하게 만듭니다. 그 결과 문제를 해결하기보다 걱정과 불안에 사로잡혀 더 나은 선택을 할 기회를 놓치게 됩니다.

이 습관에서 벗어나려면 먼저 자기 생각을 알아차려야 합니다. 생각이 부정적으로 흐르고 있다는 것을 인식하는 것만으로도 변화의 첫걸음을 뗄 수 있습니다. 그러나 부정적인 생각과 싸우거나 억누르는 것은 도움이 되지 않습니다. 이는 오히려 더 큰 저항과 스트레스만 유발할 뿐입니다.

대신 앞서 소개한 다양한 브레인 스포츠 활동을 활용하여 몸과 마음의 진동을 바꿔보세요. 가볍게 산책하거나, 몸을 두드리거나, 좋아하는 음악을 들으며 춤을 추거나, 명상을 해보는 것도 좋습니다. 마음이 부정적인 방향으로 기울었다는 것을 알아차린 것에 대해 감사하는 마음을 가져보세요. 그런 다음 브레인폰을 켜고 진정으로 원하는 것에 집중하며 목표를 향한 작은 행동을 실천해 보세요. 이런 변화는 하루아침에 이루어지지 않지만 꾸준한 연습을 통해 긍정적인 사고 습관을 키울 수 있습니다.

부정적인 사고를 긍정으로 전환하는 능력은 단순히 기분을 좋게 만드는 것을 넘어 삶 전반에 중대한 영향을 미칩니다. 노스캐롤라이나대학교의 연구에 따르면, 기쁨과 즐거움을 느끼는 영화를 본 사람들이 중립적이거나 부정적인 감정을 유발하는 영화를 본 사람들보다 더 많은 아이디어를 떠올렸습니다. 이는 긍정적인 감정이 우리의 사고를 확장하고, 새로운 기회를 포착하며, 창의적이고 혁신적인 생각을 끌어낸다는 사실을 보여줍니다.

건강 측면에서도 긍정적인 사고는 큰 차이를 만들 수 있습니다. 존스 홉킨스대학교의 연구에서는 심장질환 가족력이 있는 사람이라도 긍정적인 사고를 하는 경우 심장질환 위험이 크게 줄어드는 것으로 나타났습니다. 반면 만성적으로 부정적 사고를 반복할 경우 치매나 알츠하이머의 위험을 높이는 요인이 될 수 있다고 합니다.

긍정을 훈련하는 가장 강력한 방법은 어떤 조건에도 흔들리지 않는 '절대긍정'의 태도를 갖추는 것입니다. 절대긍정은 인생의 어려움을 외면하거나 모든 것을 낙관적으로만 보려는 태도가 아닙니다. 오히려 상황과 조건에 흔들리지 않는 깊고 강한 내면의 힘입니다.

절대긍정은 '할 수 있다, 없다'라는 이분법적인 사고를 넘어서 어떤 상황 속에서도 자신을 믿고 변화를 만들어낼 수 있다는 신념을 붙드는 태도입니다. 현실과 이상 사이의 간극을 직시하되 그 거리를 극복할 방법을 찾아내는 의지와 창조적인 에너지를 의미합니다.

절대긍정의 태도를 지닌 사람은 문제를 회피하지 않습니다. 오히려 문제를 똑바로 바라보고 그것을 성장과 변화를 위한 발판으로 삼습니다. 어떤 상황에서도 '여기서 어떤 기회를 찾을 수 있을까?' 하고 질문하며 그 기회를 현실로 만들어가는 힘이 바로 절대긍정의 본질입니다. 안 되는 쪽보다는 되는 방향을 바라보고, 문제에 머무르기보다 해결책을 찾아내며, 삶의 도전과 고난 속에서도 배움과 성장의 기회를 발견하는 태도가 절대긍정입니다.

절대긍정의 의식을 기르려면 꾸준한 연습이 필요합니다. 이 과정에서 자신을 지나치게 몰아붙이거나 비판하지 않도록 주의해야 합니다. 모든 경험을 성장의 과정으로 받아들이는 열린 자세가 중요합니다. 자신을 격려하고, 자신에게 친절하며, 인내심을 잃지 마세요. 훈련을 거듭할수록 뇌는 점차 긍정적인 사고에 익숙해지고 어느 순간 긍정이 자연스러운 삶의 방식이 될 것입니다.

삶이 주는 선물

세상에는 '오늘 내가 누리는 모든 것은 내 노력의 결과'라고 믿는 사람들이 꽤 있습니다. 하지만 정말 그럴까요? 우리의 삶이 오직 개인의 노력만으로 이루어졌다고 확신할 수 있을까요? 우리 삶을 둘러싼 환경을 깊이 들여다보면 개인의 노력만으로 설명하기 어려운 요소들이 많다는 것을 알게 됩니다.

예를 들어, 삶의 질을 결정짓는 중요한 요소인 소득 수준은 개인의 능력이나 성취보다 태어난 나라에 따라 크게 좌우됩니다. 미국에서 태어난 사람과 개발도상국에서 태어난 사람의 평균 소득 차이는 개인의 노력만으로 쉽게 좁힐 수 없을 만큼 큽니다. 2024년 통계에 따르면, 소득 상위 10개국의 1인당 GDP는 하위 10개국보다 약 35배 높습니다. 한 나라 안에서는 개인의 노력으로 소득 격차를 줄일 수 있을지 몰라도, 국가 간 경제적 차이는 개인이 통제할 수 없는 요인에 의해 결정되는 경우가 많습니다. 그뿐만 아니라 우리가 태어난 가정환경, 부모의 사회적 배경, 교육과 기회의 차이 역시 삶에 큰 영향을 미칩니다. 누구나 노력할 수 있지만 노력의 결과가 모두에게 똑같이 주어지지는 않습니다. 출발선과 주어진 환경, 기회가 각자 다르기 때문입니다.

하지만 오해하지 않기를 바랍니다. '삶은 이미 정해져 있다'라는 운명론을 옹호하려는 것은 절대 아닙니다. 우리는 분명 선택하고 노력해서 자신의 삶을 개선하고 성장시킬 놀라운 능력을 지니고 있습니다. 우리의 뇌는 신경 가소성 덕분에 끊임없이 변화하고 적응할 수 있으며, 뇌의 주인인 마음은 현실의 한계를 넘어 새로운 길을 열어갈 강력한 힘을 가지고 있습니다. 그러나 우리가 누리는 많은 것들이 단지 우리의 노력만으로 이루어진 것이 아니라는 사실을 깨닫는 것은 중요합니다. 이 깨달음은 삶을 바라보는 관점과 태도를 바꿉니다.

우리는 언제 어디서 태어날지 선택하지 않았고, 우리가 살아가는 지구라는 환경 역시 우리의 선택이 아니었습니다. 우리가 만난 수많은 인연, 그 속에서 얻은 배움과 성장의 기회 역시 철저히 계획된 것이 아니었습니다. 우리의 뇌가 지금처럼 복잡하고 정교한 연결망을 갖게 된 것도 수많은 경험과 외부 자극의 결과입니다. 그중 얼마나 많은 것이 우리의 의지나 선택만으로 이루어졌을까요?

삶에서 만나는 많은 환경과 기회, 인연이 선물임을 받아들일 때 우리는 더 깊은 감사와 겸손을 배울 수 있습니다. 지금 내가 가진 것의 소중함을 더 깊이 느낄 뿐 아니라 앞으로 다가올 새로운 가능성에도 열린 마음을 갖게 됩니다. 또한 모든 것을 완벽하게 해내야 한다는 부담이나 삶을 통제하려는 강박에서 벗어나게 됩니다. 내 힘으로 바꿀 수 있는 것과 없는 것을 지혜롭게 구별할 수 있게 됩니다. 삶 자체가 하나의 선물임을 깨달으면 우리는 불필요한 걱정에서 자유로워지고 에너지를 정말 중요한 것에 집중할 수 있습니다.

감사하라

뉴턴이 나무에서 떨어지는 사과를 보고 영감을 받아 발견한 중력의 원리는 자연 세계를 이해하는 데 있어 큰 전환점이 되었습니다. 그의 발견은 사람들에게 우주가 정교하게 설계된 시계처럼 예측이 가능한 수학적 법칙에 따라 움직인다는 믿음을 심어주었습니다. 충분히 연구하고 측정하면 우주의 작동 원리를 완벽히 설명할 수 있고 심지어 미래까지 예측할 수 있으리라고 생각했습니다.

그러나 이러한 기대는 오래가지 않았습니다. 시간과 공간이 절대적인 것이 아니라 상대적인 개념이며, 물질이 입자인 동시에 파동의 성질도 가질 수 있다는 사실이 밝혀졌습니다. 그로 인해 우주가 완벽하게 예측 가능하다는 믿음은 흔들리기 시작했습니다. 과학은 불확실성이 예외적인 현상이 아니라 우주의 근본적인 속성임을 보여주었습니다.

과학은 여전히 빠르게 발전하고 있으며, 자연과 인간 스스로에 관해 끊임없이 새로운 것을 알아가고 있습니다. 하지만 동시에, 우리가 모르는 것이 여전히 많다는 점 또한 갈수록 분명해지고 있습니다. 뉴턴의 중력이론, 아인슈타인의 상대성이론, 양자역학은 인간이 발견하고 정리한 지식일 뿐, 그 이론들이 설명하는 자연의 법칙과 원리는 인간이 만든 것이 아닙니다. 이 법칙들은 인간이 발견하기 훨씬 전부터 이미 존재했고 자연 속에서 그대로 작동해 왔습니다.

우리가 사용하는 기기와 기술도 마찬가지입니다. 인간이 설계하고 개발한 것이지만 이를 가능하게 하는 법칙과 원리는 이미 자연 속에 존재하고 있었습니다. 작은 미립자에서부터 태양계와 은하계에 이르기까지 우리가 알고 있는 모든 것, 앞으로 알게 될 것, 그리고 아마도 영원히 알 수 없을지도 모르는 신비들까지도 이미 자연 속에서 작용하고 있습니다. 이 모든 원리와 법칙이 우리가 보고 경험하는 현상을 만들어내고 생명을 변화와 진화의 길로 이끌어갑니다. 우리는 이 거대한 자연의 일부로서 이미 존재하는 법칙과 원리 속에서 살아가고 있습니다. 단 한 알의 모래와 씨앗에도 우리가 가진 모든 지식과 이해를 넘어서는 무한한 지혜와 깊은 원리가 담겨 있습니다.

이 모든 현상을 움직이는 근원적인 실체는 바로 에너지입니다. 이 에너지는 단 한 순간도 멈추지 않고 끊임없이 움직이며 측량할 수 없는 힘으로 세상을 창조하고 변화시킵니다. 생명과 마음 역시 이 에너지에서 비롯된 것입니다.

내 몸에 깃든 생명과 내가 느끼는 마음은 이 거대한 생명과 마음의 일부일 뿐입니다. 내가 태어나 숨을 쉬고 다양한 만남과 경험을 통해 삶을 이어가게 하는 것은 내 생각이나 지식이 아닙니다. 그것은 모든 존재의 근본이며 우리 모두를 하나로 연결하는 에너지의 흐름입니다. 이 흐름은 우리에게 생명을 주고 세상을 움직이게 하는 위대한 지혜이자 끝없는 사랑입니다.

우리는 이 에너지의 거대한 흐름을 완벽하게 이해하거나 통제할 수 없습니다. 우리가 할 수 있는 최선은 그 흐름을 느끼고 그 흐름과 조화롭게 살아가는 것입니다. 우리의 생각, 말, 행동이 만들어내는 에너지의 진동은 이 큰 흐름에 크고 작은 물결을 일으킵니다. 그 물결은 다른 파동들과 공명하여 때로는 조화를 이루기도 하고 때로는 충돌을 일으키기도 합니다. 우리는 내면의 느낌과 에너지 감각을 통해 이 흐름을 감지하고 그 흐름과 교류하며 살아갈 수 있습니다. 더 나아가 자신의 에너지를 조절함으로써 다른 사람과 우주의 에너지와 조화를 이루는 삶을 선택할 수 있습니다.

우리는 우리의 모든 것을 알고 반응하는 거대한 에너지의 바다에서 살아가고 있습니다. 우리의 지식이나 능력, 그리고 노력만으로 살아가는 것이 아니라 이 에너지의 선의와 사랑 속에서 살아가고 있는 것입니다. 이것을 깨닫는 것은 포기나 체념이 아니라 진정한 지혜입니다. 이를 통해 우리는 집착과 두려움에서 벗어나 진정한 창조의 힘을 얻게 됩니다. 마치 긴장을 풀고 물에 몸을 맡겨 부력을 느끼듯 에너지의 흐름에 자신을 맡기며 살아갈 수 있습니다. 그 속에서 진정한 자유와 평화를 경험할 수 있습니다. 이때 우리는 긍정과 부정을 비교해서 선택하는 것이 아니라 모든 것을 감사함으로 받아들이는 절대긍정의 마음을 가질 수 있습니다.

미래는 불확실합니다. 그러나 이것은 문제가 아니라 선물입니다. 삶이 흥미롭고 특별한 이유는 불확실하기 때문입니다. 만약 삶의 모든 것이 정해진 대로만 흘러간다면 우리의 삶은 자유도 새로움도 없는 단조로운 반복에 불과할 것입니다.

불확실성은 곧 가능성을 뜻합니다. 그 가능성은 우리에게 새로운 기회와 도전을 열어줍니다. 그리고 이 가능성을 내가 원하는 방향으로 이끌기 위한 가장 좋은 방법은 긍정적인 기대와 감사의 마음을 갖는 것입니다. 긍정적인 기대는 우리의 마음을 설레게 하고, 감사는 우리에게 안정감을 줍니다. 이 두 가지는 우리가 원하는 미래를 마치 미리 경험하는 것처럼 느끼게 합니다.

감사는 특히 어려운 순간에도 부정적인 감정에 휘둘리지 않도록 우리를 지켜줍니다. 일이 계획대로 풀리지 않을 때, 누군가를 탓하거나 자신을 비난하기보다 '이 경험을 통해 무엇을 배웠는지'를 묻고, 그 배움에 감사해 보세요. 새로운 경험이나 익숙지 않은 상황을 문제가 아닌 하나의 선물로 받아들이며 '이 상황에서 얻을 수 있는 좋은 점은 무엇일까?'라고 질문해 보세요.

감사와 긍정적인 기대는 불확실한 미래를 다루는 가장 강력한 도구입니다. 이를 통해 우리는 불확실성을 두려움이 아니라 가능성으로 바라볼 수 있습니다. 그러니 불확실성을 피하려 하지 말고 설렘과 기대를 품고 앞으로 나아가기를 바랍니다. 선택과 창조, 배움과 성장이 허락된 풍요롭고 너그러운 불확실성 속

으로 자신을 던져보세요. 진동하는 그 에너지 속으로 한 걸음 들
어가 보세요.

긍정과 감사를 위한 연습

마음을 맑게 하고 긍정적인 에너지를 유지하기 위해 매일 감사
를 실천해 보세요. 기쁨과 감사, 그리고 열린 마음에서 우러나오
는 에너지는 내면의 평화를 가져올 뿐만 아니라 우리 삶에 더 많
은 좋은 일들을 끌어들이는 힘이 있습니다. 일상에서 긍정적인
기대와 감사를 꾸준히 실천할 수 있는 세 가지 구체적인 방법을
소개합니다.

항상 웃기

미소와 웃음은 가장 단순하면서도 강력한 긍정 에너지의 표현
입니다. 또한 몸과 마음을 건강하게 하는 놀라운 힘이 있습니다.
웃음은 엔도르핀 분비를 촉진해 스트레스를 줄이고, 기분을 좋
게 하며, 통증까지 완화할 수 있습니다. 또한 도파민과 세로토닌
의 분비를 활성화해 우울감을 완화하고, 공격성을 낮추며, 정신
적 균형을 유지하도록 돕습니다. 웃음은 기분을 좋게 할 뿐만 아
니라 스트레스 반응을 낮추고, 심장 건강을 증진하며, 면역력을
높이는 효과까지 있습니다. 실제로 웃음은 체내 백혈구 수를 증
가시켜 감염과 싸우는 능력을 강화하는 것으로도 알려져 있습

니다.

　건강상의 이점 외에도 미소와 웃음은 인간관계를 개선하는 데도 큰 역할을 합니다. 밝은 표정은 사람들 간의 거리를 좁히고, 신뢰를 형성하며, 긍정적인 분위기를 조성하는 힘이 있습니다. 또한 사고방식에도 영향을 주어 더 낙관적이고 창의적으로 생각하도록 돕습니다.

　하지만 항상 웃는 것이 말처럼 쉬운 일은 아닙니다. 생활 속 크고 작은 스트레스, 주변의 부정적인 영향, 때로는 웃음을 금기시하는 사회적 분위기 때문에 자연스럽게 웃지 못하는 경우도 많습니다. 일상에서 미소와 웃음을 자연스럽게 늘리기 위해 다음 두 가지를 실천해 보세요.

　첫째, 하루를 감사와 미소로 시작하고 마무리해 보세요. 아침에 눈을 뜰 때와 잠들기 전에 1분 동안 미소를 지으며 현재의 순간에 감사하는 시간을 가져보세요. 새로운 하루가 주어진 것과 하루를 잘 마무리한 사실 자체에 감사하는 것입니다. 이 작은 습관이 쌓이면 하루 전체의 에너지를 긍정적으로 변화시키는 데 큰 도움이 됩니다.

　둘째, 일주일에 하루를 정해 가능한 한 많이 미소 짓고 웃는데 집중해 보세요. 스스로에게 '오늘은 웃는 날'이라고 계속 상기시키고, 웃음을 잃었다면 즉시 되찾는 연습을 해보는 것입니다. 이는 억지로 웃는 것이 아니라 자기 뇌와 마음을 되찾아 긍정적으로 전환하는 훈련입니다. 만약 웃거나 미소 짓기 어려운 상황이라면 마음속으로 밝게 웃는 자기 모습을 떠올려 보세요. 상상 속의 미소만으로도 실제 미소를 지을 때처럼 긍정적인 에너지가 생기고 스트레스가 완화됩니다.

의식적으로 미소를 짓고 웃는 습관을 들이면 삶에 긍정적인 변화가 자연스럽게 따릅니다. 더 행복해지고, 주변 사람들과의 관계도 친밀해지며, 삶을 더욱 균형 있고 낙관적인 시선으로 바라보게 됩니다.

100가지 감사할 일

잠시 시간을 내어 감사한 것들을 적어보세요. 그것이 물건이든 추억이든 인간관계든 당신의 재능이나 일상의 작은 순간이든 상관없습니다. 지금 당신 앞에 놓인 커피 한 잔, 바람에 흔들리는 나뭇가지, 사랑하는 사람의 미소, 어떤 것이든 좋습니다.

이 연습을 하다 보면 당신이 이미 얼마나 많은 축복과 기회 속에서 살고 있는지 깨닫게 될 것입니다. 동시에 그중 얼마나 많은 것을 당연하게 여겼는지도 알게 될 것입니다. 이렇게 간과했던 것들이 사실은 얼마나 소중한 의미를 지니고 있는지 새롭게 느끼는 계기가 될 것입니다.

가능하면 감사할 일을 100가지 적어보세요. 한 번에 100가지를 적는 것이 부담스럽게 느껴진다면, 하루에 열 가지씩 열흘에 걸쳐 나누어 적어도 좋습니다. 매일 하나씩 주제를 정해보는 것도 좋은 방법입니다. 예를 들어, 당신을 아끼고 지지하는 소중한 사람들, 당신의 일이 주는 기회, 일상에서 느끼는 소소한 기쁨, 자연이 주는 아름다움과 생명력, 당신의 재능과 성장의 경험 등 주제를 정해 감사한 것들을 떠올려 봅니다.

목록을 작성한 뒤에는 하나하나 소리 내어 읽으며 각각의 항목마다 "감사합니다"라고 말해보세요. 한 항목씩 천천히 읽으며 그 의미를 음미하고, 마음 깊이 감사함을 충분히 느껴보는 것이 중요합니다. 그날 적은 열 가지 항목을 모두 소리 내어 읽고 감사를 표현한 뒤에는 눈을 감고 가슴에 집중합니다. 가슴에서부터 올라오는 감사함을 온전히 느끼며 그 느낌에 잠시 머물러 보세요.

이 연습을 한 번으로 끝내지 않고 꾸준히 반복하면 효과가 더욱 커집니다. 최소 일주일 이상 매일 실천해 보세요. 매일 감사의 마음을 표현할수록 감사는 점점 더 깊이 자리 잡고, 삶을 바라보는 시각에도 긍정적인 변화가 일어납니다.

시간이 지나 감사의 느낌이 희미해졌다면 이전에 작성한 목록을 꺼내 다시 읽어 보세요. 삶 속에서 새롭게 발견한 감사한 순간들을 새로운 감사 목록으로 기록해 보는 것도 좋습니다.

특히 누군가에게 감사한 마음이 든다면 그 마음을 꼭 표현해 보세요. 고마운 사람에게 진심을 담아 전화를 걸거나 짧은 문자 메시지나 이메일을 보내 감사의 마음을 전해보세요. 직접 만나 따뜻한 말 한마디를 건네는 것도 좋습니다. 작은 감사 표현이 당신의 삶뿐만 아니라 상대방의 삶에도 깊은 울림을 줄 수 있습니다. 감사는 나눌수록 커지고, 표현할 때 더 큰 긍정의 에너지를 만들어냅니다.

수용과 감사의 날

일주일 중 하루를 정해 무조건적인 수용과 감사를 실천해 보세요. 이것은 위험을 무시하거나 부당한 대우를 참고 견디라는 뜻이 아닙니다. 삶에서 마주하는 모든 경험에 대해 반사적으로 '싫다'라고 반응하지 않는 연습입니다. 일주일에 하루를 정해 그날만큼은 의식적으로 이 연습에 집중하는 것입니다.

이렇게 해보면 우리가 평소에 얼마나 자신의 관념과 취향, 습관에 집착하는지 또 얼마나 다양한 자극에 즉각적으로 부정적인 반응을 보이는지 알게 됩니다. 이러한 부정적 반응은 찰나의 순간에 일어나 우리의 생각과 감정을 특정한 방향으로 이끌고 다른 가능성을 차단합니다. 사실 많은 갈등과 다툼은 바로 이처럼 순간적인 부정적 반응에서 시작됩니다.

이 실천법의 핵심은 단순합니다. 모든 상황과 자극을 좋고 싫음으로 분별하지 않고 있는 그대로 수용하는 것입니다. 그런 다음 '이 상황에서 내가 배울 수 있는 것은 무엇일까? 이 경험에서 찾을 수 있는 긍정적인 부분은 무엇일까?'라고 질문해 보세요. 이런 질문을 던지면 상황을 새로운 시각으로 바라볼 수 있고, 그 안에서 긍정적인 요소를 발견할 기회를 얻을 수 있습니다. 그리고 그 뒤에 자신이 할 수 있는 가장 적절하고 유익한 행동을 선택해 실천하면 됩니다.

특정한 날을 정해 하루 종일 이 연습을 하는 이유는 그렇지 않으면 자신의 반응을 의식적으로 관찰하기가 어렵기 때문입니다. 하루를 정해 집중적으로 실천하면 자신이 삶의 다양한 자극에 어떻게 반응하는지를 더욱 명확히 볼 수 있고, 행동과 감정을 객관적으로 바라보는 능력도 키울 수 있습니다. 이는 앞서 소개한 '웃기 연습'에도 적용됩니다. 웃는 날을 정해 실천하면 자신이 얼마나 웃지 않고 지내는지 분명하게 인지하고 이를 개선할 수 있습니다.

* * *

앞서 소개한 세 가지 실천 방법은 뇌가 최상의 상태로 기능하도록 돕고 더 조화로운 에너지 속에서 살아가게 해줍니다. 수용과 감사, 긍정이 습관이 되면 삶에서 더 많은 기쁨과 축복이 자연스럽게 찾아옵니다.

긍정적인 패턴을 더욱 강화하기 위해 신체 운동, 명상, 창조적인 활동과 같은 브레인 스포츠를 함께 실천해 보세요. 이런 활동들은 뇌의 유연성과 창의성을 높이고, 감정의 균형을 유지하는 데 큰 도움이 됩니다.

삶에서 불확실한 상황을 만나거든 피하려고 하지 말고 긍정적인 기대와 감사의 마음으로 받아들이고 행동해 보세요. 그러면 삶이 얼마나 소중한 선물인지, 온 우주가 당신이 원하는 것을 이루기 위해 얼마나 열심히 돕고 있는지 깨닫고 깜짝 놀라게 될 것입니다.

TAKE BACK YOUR BRAIN

11장

뇌 속에서

신성을 만나라

뉴질랜드에 있는 농장에서 내가 키우는 골든 리트리버가 새끼를 낳는 모습을 본 적이 있습니다. 이제 겨우 두 살도 안 되었는데 새끼를 열 마리나 낳았습니다. 어미 개는 새끼를 낳을 때가 되자 스스로 안전한 장소를 찾아 자리를 잡았습니다. 새끼들이 한 마리씩 태어날 때마다 탯줄을 끊고 양수를 핥아 강아지의 몸을 깨끗하게 해주었습니다. 그런 후 소모된 에너지를 보충하고 체력을 회복하기 위해 태반을 먹었습니다. 새끼들도 본능적으로 어미의 몸을 더듬어 젖을 찾아내며 생명을 이어갔습니다. 누구도 어미 개에게 새끼를 낳고 돌보는 법을 가르쳐준 적이 없고, 새끼들도 젖을 찾는 법을 배운 적이 없습니다. 어미 개도 새끼들도 자연이 그들의 몸에 새겨놓은 생명의 지혜를 따라 움직였을 뿐입니다.

나는 골든 리트리버의 출산을 지켜보며 신의 존재를 느꼈습니다. 모든 생명체 속에 우리의 이해 범위를 넘어선 거대한 흐름과 지혜가 작용하고 있음을 다시금 실감했습니다. 나는 신을 직접 만난 적은 없습니다. "내가 신이다." 하고 나에게 자신을 드러낸 그런 신은 본 적이 없습니다. 그렇지만 내가 느끼는 신은 분명히 있습니다. 그것은 세상 만물을 움직이는 자연의 순리이고, 에너지이며, 생명력입니다.

자연에는 본래의 질서와 흐름이 있고, 변화 속에서도 스스로 조화와 균형을 찾는 힘이 있습니다. 이 힘은 모든 생명체 속에 깃들어 있습니다. 지구가 태양 주위를 일정한 거리에서 도는 힘, 나무뿌리가 물을 찾아 땅속 깊이 뻗는 힘, 새가 바람을 타고 하늘을 가로질러 나는 힘도 이 흐름의 일부입니다. 이 힘 덕분에 매일 아침 해가 떠오르고, 강물은 끊임없이 흐르며, 바다는 쉴 새 없이 움직입니다. 이 힘이 하나의 미립자에서 우주 전체에 이르기까지 모든 존재에 흐르고, 모든 것을 연결해 줍니다. 자연의 에너지와 지혜인 이 힘이 천지기운이고 천지마음입니다. 나는 이 힘이 곧 신이요 하느님이라고 생각합니다. 이 힘은 생명을 유지하고, 자연의 리듬 속에 존재하며, 우리 주변의 모든 것에 스며들어 있습니다.

이 힘은 우리 주변에만 존재하는 것이 아닙니다. 우리 안에도 깃들어 있습니다. 아기의 심장은 태어나자마자 스스로 뛰기 시작하고, 우리의 숨은 일부러 의식하지 않아도 쉼 없이 이어집니다. 우리가 다치면 몸은 스스로 치유를 시작합니다. 밤이 되면 잠으로 몸과 마음을 충전합니다. 우리는 흔히 자신의 노력으로 삶을 유지하고 있다고 믿지만, 사실 가장 중요한 삶의 요소들은 애써 노력해서 얻은 것이 아닙니다. 그냥 주어진 선물입니다. 우리 몸과 마음에 깃든 신성한 작용, 자연의 법칙과 생명의 지혜에 따라 자연스럽게 이루어지는 것입니다.

사실 이 세상에서 이 신성한 힘과 연결되지 않은 것은 아무것도 없습니다. 우리가 인식하든 못하든 모든 순간은 신과의 만남입니다. 하지만 많은 사람들은 신을 자신의 외부에 있는 존재로, 사원이나 교회 같은 특정한 장소에서만 찾을 수 있는 초월적인 존재로 생각합니다. 어떤 사람들은 신의 뜻을 이해하려면 경전이나 종교적 교리가 꼭 필요하다고 믿습니다. 또 어떤 이들은 특정한 선지자나 신앙 체계를 통해서만 신과 연결될 수 있다고 생각하며 그것에서 벗어나면 신의 은총을 잃을까 두려워합니다.

그런데 신이 우리 바깥 어딘가에 존재하며 특정한 방법이나 사람을 통해서만 만날 수 있다고 생각하면 왠지 마음이 불편해지지 않습니까? 특히 신이 특정 집단만을 선택하고 다른 집단을 배제한다고 생각하면 그 불편함은 더욱 커집니다. 이러한 느낌이 드는 것은 결코 우연이 아닙니다. 그 불편함 자체가 우리 내면의 깊은 진실을 드러내는 신의 작용입니다. 본능적이고 직관적으로 우리를 이끄는 신성의 목소리입니다. 이것은 배워서 아는 것이 아니라 그냥 자연스럽게 느껴지는 것입니다. 우리 안의 신이 그런 제한된 생각이 신의 본래 모습과는 다르다는 것을 우리에게 일깨우는 것입니다. 신은 특정한 장소나 경전이나 전통에만 머무는 존재가 아닙니다. 신은 모든 존재 속에, 모든 사람 안에 깃들어 있습니다.

우리가 느끼는 이런 내적 감각, 지혜와 직관적인 앎은 자연을 움직이는 생명력과 같은 근원에서 나옵니다. 이것이 곧 신의 작용이며 우리 안에 있는 신성의 본질입니다. 우리가 브레인폰을 통해 궁극적으로 연결하고 증폭시키려는 것이 바로 이 신성입니다.

신성은 사람다움의 핵심

내가 신이 모든 사람 안에 존재한다고 확신하는 이유는 나의 체험 때문입니다. 그것이 나에게 느껴지는 하느님의 실체이기 때문입니다. 모악산에서 홀로 명상하며 '나는 누구인가? 삶의 의미는 무엇인가?'에 대한 답을 찾고자 한 시간이 있었습니다. 그 수행의 막바지에 내 인생을 완전히 바꿔놓은 체험을 했습니다. 내 뇌에서 거대한 소리가 들렸고, 그 소리는 내 안과 하늘에서 동시에 울리는 듯했습니다. "내 기운 천지기운 천지기운 내 기운, 내 마음 천지마음 천지마음 내 마음." 마치 온 우주에 그 소리의 진동 외에는 아무것도 존재하지 않는 것처럼 느껴졌습니다.

그때 나는 알았습니다. 내 몸에 깃든 에너지와 우주에 흐르는 에너지가 하나로 연결되어 있고 내 마음과 우주의 마음, 즉 하느님의 마음이 둘이 아니라는 것을 깨달았습니다. 그 앎은 지식이나 언어가 아닌 에너지로, 온 존재로 느껴졌습니다. 그 순간 내 몸과 외부의 경계가 완전히 사라지는 듯했습니다. 나의 에너지와 나의 마음이 온 우주를 가득 채웠고, 우주의 맥박과 나의 맥박이 하나가 되었으며, 우주가 나를 통해 숨을 쉬고 우주의 박동이 내 안에서 울려 퍼지는 듯했습니다. 나는 그때 신에 대해 생각한 것이 아니라 신을 느꼈습니다.

그때 내가 느낀 하나님은 '홀로 스스로 존재하는 영원한 생명'이었습니다. 그것이 '홀로'인 이유는 모든 것의 뿌리이며, 모든 것을 포함하고, 그 외에는 아무것도 존재하지 않기 때문입니다. '스스로'인 이유는 다른 어떤 원인도 필요하지 않기 때문입니다. 무엇이나 누구에 의해서 태어난 것이 아니기 때문입니다. '영원한' 이유는 시작도 끝도 없기 때문입니다. 생겨난 적이 없고 그래서 사라질 수도 없기 때문입니다. 하느님은 시작도 끝도 없는 영원한 에너지의 흐름이며, 무한한 창조의 가능성으로 진동하는 생명 그 자체입니다.

그런데 중요한 것은 그 하나님의 실체가 바로 나의 실체라는 점입니다. 내가 바로 홀로 스스로 존재하는 영원한 생명이라는 사실입니다. 한계도 없고 형체도 없으며, 모든 것을 창조하고 모든 것을 품을 수 있는 완전한 에너지이자 생명이 바로 나의 본질이라는 것입니다. 이 깨달음은 나에게 엄청난 경외감과 벅찬 감동으로 다가왔습니다.

내게 더 깊은 감동을 준 것은 이 깨달음이 나만의 실체가 아니라 모든 사람의 실체라는 것이었습니다. 내가 느낀 '홀로 스스로 존재하는 영원한 생명'은 나에게만 깃들어 있는 것이 아니라 모든 사람 안에 존재한다는 진실이었습니다. 다시 말해 신의 본질은 우리 모두 안에 있다는 깨달음이었습니다.

우리가 가장 고귀하다고 여기는 가치들, 즉 신성하고 무한하며 사랑과 지혜로 가득 찬 창조의 근원을 우리는 '신' 또는 '하느님'이라 부릅니다. 그런데 그러한 신성한 힘이 바로 인간 안에 있다는 것은 모든 인간이 본질적으로 존엄하며 고유한 가치를 지닌 존재임을 뜻합니다. 모든 사람이 같은 신성의 본질을 지니고 있다는 것을 깨달으면 나 자신을 바라보는 시선도, 다른 사람을 대하는 마음도 달라집니다. 우리는 모두 깊이 연결되어 있으며 누구나 무한한 가치를 지닌 성스러운 존재라는 것을 자연스럽게 느끼고 알게 됩니다.

우리가 이미 잘 알고 있는 인류의 영적 스승들이 경험한 신과 내가 경험한 신 사이에는 분명 통하는 부분이 있을 것이라 믿습니다. 영적 전통이 다르더라도 그들의 경험은 본질적으로 다르지 않다고 생각합니다. 그들이 전하고자 했던 핵심 메시지는 '홀로 스스로 존재하는 영원한 생명'에 대한 깨달음이었으며, 이 보편적인 진리가 모든 사람 안에 깃들어 있다는 사실이었습니다. 그들은 이 깨달음이 자신들만의 특별한 것이 아니라 누구나 발견할 수 있다는 가능성을 보여주고자 했습니다. 모든 사람이 자신 안에 있는 이 진리를 깨닫고 신성과 연결된 삶을 살아갈 수 있도록 영감을 주고자 했습니다.

그러나 시간이 흐르며 이러한 영적 스승들의 가르침은 조직화한 종교와 엄격한 교리적 틀에 갇히게 되었습니다. 그들이 전하고자 했던 본질, 즉 자신 안에 있는 생명과 신성을 직접 경험하는 대신 스승이나 가르침을 중심으로 세워진 제도와 규범을 따르는 데 더 집중하게 되었습니다. 그로 인해 많은 사람들이 신성과의 개인적인 연결을 잃고 진정으로 신을 경험하지 못하게 되었습니다. 가르침이 전하려 했던 내면의 진리보다 외적인 규칙과 관행을 더 중요시하게 된 것입니다.

나는 진정으로 하느님을 만나는 길이란 인류의 영적 스승들이 그러했듯 내면으로 돌아오는 데서 시작된다고 믿습니다. 그들이 자신 안에서 하나님을 만났듯이 우리도 그렇게 할 수 있습니다. 하나님은 배우거나 공부하는 대상이 아니라 우리가 직접 경험하고 느낄 수 있는 존재입니다. 멀리서 숭배하는 대상이 아니라 우리의 삶 속에서 구현되어야 할 존재입니다. 신은 외부에서 찾는 것이 아니라 우리 안에 이미 존재하며 우리가 그것을 깨닫고 드러내기를 기다리고 있습니다.

뇌, 신성으로 가는 관문

이러한 깨달음은 우리나라의 고대 경전인 〈천부경天符經〉에 잘 드러나 있습니다. 선악에 대한 가르침에 초점을 맞춘 다른 경전들과는 달리 천부경은 우주의 시작과 작용 원리, 인간의 본질이 무엇인지를 단 81자로 설명하고 있습니다. 이 경전은 우리 내면에서 만나는 하느님을 이렇게 표현합니다. "본심본태양앙명 인중천지일本心本太陽昻明 人中天地一(마음은 본래 태양처럼 밝으니, 그 마음을 밝히면 하늘과 땅이 사람 안에서 하나가 된다.)" 이 구절은 우리의 마음이 하나님과 같은 밝음을 가지고 있다고 말합니다. 우리 안에 있는 이 밝음을 깨닫고 실현함으로써 우리는 신성과 하나가 될 수 있습니다.

또 다른 고대 경전인 〈삼일신고三一神誥〉에도 나에게 깊은 감동을 준 구절이 있습니다. "자성구자 강재이뇌自性求子 降在爾腦(자신의 본성에서 신을 찾으라. 너의 뇌 속에 이미 내려와 있다.)" 이 구절은 신의 본질은 이미 우리 안에 존재하며, 특히 우리의 뇌 속에 깃들어 있음을 강조합니다. 5천 년도 훨씬 이전에, 아무런 뇌과학 지식도 없었던 시대에 우리 조상들이 어떻게 인간이 '뇌' 속에서 신을 경험할 수 있다는 것을 이해했는지 놀랍기만 합니다. 아마도 체험을 통한 직관적 통찰과 깨달음 덕분이었을 것입니다.

우리는 신성을 밖에서 찾을 필요가 없습니다. 신의 본질은 이미 우리의 마음속에 존재합니다. 우리는 뇌를 통해 그 신성을 경험할 수 있습니다. 성스러운 장소나 아름다운 자연 속에서 신과 연결되는 느낌조차도 우리 뇌 속에서 일어나는 작용입니다. 신성과 연결되고자 하는 갈망과 연결의 순간에 그것을 깨닫는 감각 역시 뇌에서 비롯됩니다.

나는 인간의 뇌가 가진 가장 중요한 가치는 우리 안의 신성을 발견하도록 돕는 능력에 있다고 믿습니다. 그리고 인간으로서 품을 수 있는 가장 큰 삶의 목적은 바로 그 신성을 실현하는 것, 곧 스스로 신이 되어가는 것으로 생각합니다. 인류의 본질은 신성에 있으며, '인간이란 무엇인가'를 정의하는 핵심은 바로 내면에 깃든 신성을 깨닫는 데 있습니다.

이 말이 많은 오해를 불러일으킬 수 있다는 것도 잘 알고 있습니다. 내가 말하는 신은 일부 종교에서 이야기하는 모든 물리적 한계를 초월하거나 모든 것을 마음대로 통제할 수 있는 전능한 존재를 뜻하는 것이 아닙니다. 그것은 우리 인간이 가진 영적인 잠재력, 즉 무한한 창조력과 지혜, 조건 없는 자비와 사랑의 힘을 의미합니다.

우리는 뇌의 잠재력을 깨우고 되찾음으로써 진정한 인간다움을 발견하고, 더 의미 있고 영향력 있는 삶으로 나아갈 수 있습니다. 이것이 바로 브레인 스포츠를 실천하고 브레인폰을 켜는 이유이며 우리가 도달하고자 하는 최종 목적지입니다. 자신의 한계를 넘어 우주의 에너지와 지혜를 반영하는 삶을 살아가는 것입니다. 이 신성한 흐름과 연결되면 뇌가 가진 최고의 기능이 열리고 우리의 영적 잠재력이 완전히 꽃피는 '뇌의 영광'을 실현할 수 있습니다. 이를 통해 창조성과 조건 없는 사랑, 무한한 가능성이 펼쳐지는 삶을 누릴 수 있습니다.

신과 연결되는 통로, 에너지

뇌를 통해 신성을 체험하는 가장 직접적인 방법은 명상입니다. 명상을 하면 몸과 마음이 이완될 뿐 아니라 자신의 내면세계를 더 명료하게 바라볼 수 있습니다. 명상은 우리 안에 잠들어 있던 관찰자 의식을 깨워줍니다. 자기 생각, 감정, 감각을 차분하고 초연하게 알아차리는 내면의 눈을 뜨게 합니다.

관찰자 의식이 깨어날수록 자신에 대한 자각 능력이 길러지고 현재에 머무르는 힘이 강해집니다. 명상을 통해 얻는 스트레스 조절 능력 향상, 회복탄력성 증가, 집중력 향상 같은 대부분의 실용적인 효과는 모두 관찰자 의식이 깨어날 때 나타납니다.

그런데 명상이 더 깊어지면 관찰자 의식은 우리를 더 심오한 경험으로 이끕니다. 시간이 흐르면서 관찰하는 나와 관찰 대상 사이의 경계가 점차 흐려지기 시작합니다. 처음에는 내가 감정이나 생각, 호흡을 지켜보고 있다고 느끼지만 점차 그 감각이 희미해지며 내가 호흡 그 자체가 된 듯한 느낌이 듭니다. 내 안의 모든 경험과 현상이 거대한 에너지의 흐름 속에서 하나로 융합된 듯한 느낌이 찾아옵니다. 내가 우주적 흐름 속에 존재하는 하나의 진동, 하나의 에너지처럼 느껴집니다. 이때 관찰자와 관찰 대상의 구분이 사라지며 우리는 더 이상 관찰하는 존재가 아닌 경험 그 자체가 됩니다.

이러한 명상 상태에 들어갔을 때 많은 사람이 공통으로 느끼는 감각을 한마디로 표현하면 그것은 '합일감合一感'입니다. 이 합일감 속에서는 나와 우주, 세상의 모든 것이 하나로 연결되어 있다는 사실이 지식이 아니라 온몸으로 느껴집니다. 모든 것이 같은 에너지와 의식 속에서 함께 흐르고 있다는 것을 체감하게 됩니다.

합일감 속에서는 시간의 흐름이 사라지는 것처럼 느껴집니다. 순간이 무한하게 확장되며 영원한 지금 속에 내가 녹아 들어가는 듯한 경험을 하게 됩니다. 이 상태에서는 불안, 걱정, 두려움이 사라지고 깊은 평화와 고요, 안정감이 찾아옵니다. 마음을 무겁게 하던 감정들이 사라지고 그 자리에 무한한 사랑과 평화, 자유로움이 가득 차오릅니다. 또한 아무런 제약도 한계도 없는 무한한 힘과 가능성에 연결된 느낌을 받습니다. 이 합일감은 마치 내가 주변의 모든 것들과 하나가 되어 완벽한 조화를 이루는 듯한 감각을 줍니다.

이 상태가 〈천부경〉에서 말하는 '마음이 태양처럼 밝아진' 상태이며, 〈삼인신고〉에서 말하는 '뇌 속에 내려와 있는 신을 만난' 상태입니다. 홀로 스스로 존재하는 영원한 생명을 직접 느끼는 상태입니다. 우리의 마음이 천지의 마음과 하나 되고, 우리의 에너지가 천지의 에너지와 일체가 되는 순간입니다. 마음이 자기 자신을 자각하고, 에너지가 자기를 느끼며, 생명이 생명 그 자체를 온전히 체험하는 완전한 합일의 순간입니다. 이것이 바로 우주의 에너지이자 위대한 대大생명력으로서의 하느님을 만나는 순간입니다.

명상을 전혀 경험해 보지 않은 사람들에게는 이러한 묘사가 마치 슈퍼히어로 영화에나 나올 법한 초자연적인 이야기처럼 들릴 수 있습니다. 또한 집중하는 것이 힘들어 명상에 깊이 몰입하기 어려운 초보자에게는 자신과는 거리가 먼 이야기처럼 느껴질 수도 있습니다. 하지만 이러한 합일감을 느끼는 상태에 도달하는 것은 결코 특별하거나 어려운 일이 아닙니다. 꾸준한 수련을 통해 누구나 신성과 연결되고 하나 되는 경험을 할 수 있습니다.

세상에는 다양한 명상법이 있으며 그중 많은 방법이 신성과의 합일을 체험하는 데 도움을 줍니다. 나의 경험과 수많은 이들에게 명상을 가르치며 얻은 깨달음은 에너지 명상이 내면의 신성을 만나는 데 가장 효과적인 방법이라는 것입니다. 에너지 명상은 우리 몸 안팎에 흐르는 미세한 에너지를 직접 느끼고 경험하는 데 초점을 맞춥니다. 평소에는 이 에너지를 잘 인식하지 못하지만 수련을 통해 누구나 에너지를 느끼는 감각을 개발할 수 있습니다.

호흡, 기공, 진동, 소리 등을 활용해 에너지 센터를 활성화하면 에너지 감각이 깨어나기 시작합니다. 손끝이나 발끝에서 에너지가 흐르는 느낌을 받거나, 몸의 특정 부위가 따뜻해지거나 진동하는 것을 알아차릴 수 있습니다. 이러한 감각은 점차 확장되어 자기 몸이 주변 공간과 깊이 연결된 듯한 느낌을 받게 됩니다. 이 경험은 매우 구체적이고, 직접적이며, 몸의 경계를 넘어 더 큰 에너지장과 연결되어 있다는 사실을 깨닫게 해줍니다.

처음에는 에너지를 의도적으로 느끼고 조절하지만 어느 순간부터 에너지가 자연스럽게 우리를 이끌며 더 깊은 합일의 상태로 나아가기 시작합니다. 에너지 체험이 깊어질수록 '나'라는 경계가 서서히 흐려지고, 몸과 마음이 무한히 확장되며 우주의 에너지와 하나 되는 순간을 맞이하게 됩니다. 그 과정에서 깊은 연결감과 일체감을 느끼며 신성과의 합일을 체험하게 됩니다.

합일의 체험이 중요한 이유

신성과의 합일을 체험하는 것이 중요한 이유가 그 순간에 느껴지는 고요나 평화, 깊은 안정감 때문만은 아닙니다. 그 경험이 자신의 본질을 깨닫게 하고, 그 자각이 자신과 세상을 더 나은 방향으로 변화시킬 힘이 되기 때문입니다.

우리는 종종 자기 생각이나 감정, 경험을 '자기 자신'이라고 여기곤 합니다. 자신의 성격, 장단점, 성공이나 실패, 내가 가진 것과 부족한 것으로 자신을 규정합니다. 그러나 신성과의 합일을 경험하면 이 모든 것은 단지 나의 일부일 뿐 나의 본질은 아니라는 사실을 깨닫게 됩니다. 신성과 하나 되는 순간 자신이 많은 한계와 장애를 지닌 부족한 존재가 아니라 완전하고 무한한 존재임을 자각하게 됩니다. 내가 느끼는 불안, 고통, 심지어 기쁨조차 일시적이며 우리의 본질은 그것들을 초월한 자리에 있음을 알게 됩니다. 자신이 무한한 사랑과 창조성, 지혜를 지닌 위대한 생명 그 자체임을 깨닫게 됩니다.

이 깨달음은 우리의 관점에 큰 변화를 일으킵니다. 외적인 성취나 환경이 나의 가치를 결정하지 않는다는 사실을 분명히 알게 됩니다. 성공이 나를 더 가치 있게 만들지도 않고, 실패가 나를 덜 가치 있게 만들지도 않습니다. 나의 진정한 가치는 내가 노력해서 얻는 것이 아닙니다. 그것은 처음부터 내 안에 있었고 지금도 변함없이 내 안에서 빛나고 있습니다. 나는 있는 그대로 그 무엇과도 비교할 수 없는 완전한 가치를 지닌 존재입니다.

이때 우리는 내면의 확신을 가지고 이렇게 선언할 수 있습니다. "나는 나다! 나는 있는 그대로 나다!" 어떤 상황에서도 변하지 않는 나의 본질을 발견했다고 스스로에게 선언할 수 있습니다. 이러한 자각은 우리를 남과 비교하며 부족하거나 우월하다고 느끼는 습관에서 벗어나게 해줍니다. 자신에 대한 뜨거운 사랑과 흔들리지 않는 믿음을 안겨줍니다. 외부의 평가에 집착하기보다는 내면의 목소리를 따르며 더 평화롭고 진정성 있는 삶으로 이끌어줍니다.

자신의 본질이 사랑과 창조성이라는 깨달음에 이르면 다른 사람 또한 그러한 존재임을 알게 됩니다. 이 깨달음은 인간과 다른 생명에 대한 더 깊은 공감과 신뢰, 자비로 이어집니다. 이러한 자각 속에서 홍익의 마음이 자라나고, 나 하나만이 아니라 모두에게 이롭고 도움이 되는 일을 하고자 하는 진정한 열망이 생겨납니다.

　신성과의 합일 경험은 우리에게 새로운 가능성을 보는 눈과 인생을 주도적으로 개척하는 힘을 선물합니다. 자신의 본질이 무한한 창조성이라는 사실을 깨달으면 어제의 실패가 오늘의 새로운 시도를 막지 않게 됩니다. 지금 내가 가진 장애나 한계가 꿈을 포기해야 할 이유가 되지 않습니다. 우리는 언제 어디서든 삶에 새로움과 활력을 불어넣을 수 있고 매일 자기 자신을 새롭게 낳을 수 있습니다.

　명상을 통해 신성과 깊이 하나 되는 경험은 일상의 작은 순간들 속에서도 신성을 발견하는 눈을 뜨게 합니다. 아침마다 새로운 하루를 열어주는 햇살과 맑은 공기를 내어주는 한 그루의 나무, 대기를 순환해 내 앞에 놓인 한 잔의 물. 이 모든 것 속에서 우리는 만물을 품고 기르는 신성의 손길을 느낍니다.

　호기심으로 반짝이는 아이의 눈동자, 아이를 품에 안고 토닥이는 어머니의 따뜻한 손길, 문을 열어 나를 기다려주는 낯선 이의 작은 배려 속에서도 신성의 무한한 사랑을 발견하게 됩니다. 명상을 통해 신성과 하나 되는 경험은 일상의 평범한 순간들을 새로운 시각으로 바라보게 하며, 그 순간들을 더욱 풍요롭고 의미 있게 만들어 줍니다. 이를 통해 삶은 더 깊은 영적인 충만감으로 가득 차오릅니다.

에너지 체험의 가치

나는 앞에서 신성이 인간의 뇌가 가진 최고의 잠재력이라는 믿음을 공유했습니다. 그리고 에너지 명상이 신성을 체험하는 가장 직접적인 방법인 이유도 설명했습니다. 그렇기에 내가 가르치는 모든 뇌교육 훈련에는 에너지를 느끼고 활용하는 수련이 핵심으로 자리 잡고 있습니다. 하지만 내가 에너지 체험을 이토록 소중히 여기는 데에는 또 다른 이유가 있습니다.

앞서 언급한 천부경은 "일시무시일一始無始一"이라는 구절로 시작해서 "일종무종일一終無終一"이라는 구절로 끝납니다. "모든 것은 하나에서 시작되지만 그 하나는 시작이 없다"와 "모든 것은 하나로 돌아가지만 그 하나는 끝이 없다"라는 의미로 해석됩니다. 이 구절은 시작도 끝도 없는 하나가 세상에 존재하는 모든 것의 본질임을 가르칩니다. 이 하나가 곧 신이자 생명이며 우리의 참모습입니다.

이러한 가르침은 우리 민족의 정신 속에 깊이 뿌리내려 하나를 믿고 추구하는 문화와 전통을 이뤄왔습니다. 우리는 이 하나를 하느님, 하나님, 한울님, 한님 등 다양한 이름으로 불러왔습니다. '하늘'이라는 단어 역시 이 하나에서 비롯한 것입니다. 그래서 우리에게 하늘은 단지 창공이 아니라 가장 고귀하고 선하며, 근원적이고 신성한 힘을 상징합니다.

이러한 하나의 정신은 서양의 이분법적 사고와 뚜렷이 대조됩니다. 서양의 고전철학과 많은 영적·종교적 전통은 신과 인간, 선과 악, 물질과 정신처럼 대립적 사고를 중심으로 발전해왔습니다. 그러나 한국의 영적 전통은 시작과 끝, 모든 경계를 초월하는 '하나'를 강조하며 이를 만물의 실체로 여깁니다.

'하나 됨'은 개념적 사고만으로는 온전히 이해하기 어렵습니다. 개념적 사고는 구분하고 비교하고 추상화하는 경향이 있기 때문입니다. 물질과 의식, 마음과 몸을 따로따로 보는 이분법적 사고로는 그 너머에 존재하는 하나 됨을 체감하기 어렵습니다. 나는 이분법을 넘어 이 하나를 체험할 수 있는 열쇠가 '에너지'에 있다고 믿습니다.

에너지는 물질도 아니고 의식도 아니지만 두 가지 모두가 될 수 있습니다. 에너지는 몸도 아니고 마음도 아니지만 두 영역을 모두 아우를 수 있습니다. 에너지는 대립하지 않고 모순되지 않으며 서로 분리된 것처럼 보이는 것들마저 하나로 이어줍니다. 에너지를 경험할 때는 이를 분석하거나 지적으로 이해하려 하지 않아도 됩니다. 그저 몸과 마음으로 느끼면 됩니다. 모든 것이 하나라는 사실을 에너지의 진동과 온몸의 감각을 통해 직관적으로 깨닫게 됩니다.

이 하나를 체험할 때 우리는 모든 존재를 향한 벅찬 사랑을 느낍니다. 이 사랑에는 이유도 조건도 없습니다. 이 사랑 속에서 에고가 녹아내리고 인간이 만든 모든 경계와 구분이 사라집니다. 자기 자신과 타인에게서 받았던 모든 상처와 고통이 씻겨 나가고, 생명 있는 모든 존재를 향한 뜨거운 사랑과 희망이 되살아납니다.

나를 가장 깊은 영적 자각으로 이끈 것도 에너지였으며 현대 물리학이 밝힌 존재의 근원 역시 에너지입니다. 에너지는 영성과 과학을 잇는 다리로 두 영역 사이에 경계가 없음을 보여줍니다. 이러한 이유로 나는 에너지를 기반으로 한 새로운 세계관이 사회 문제의 뿌리에 있는 이분법적 사고와 갈등을 치유하고 통합하는 데 도움을 줄 수 있다고 믿습니다.

사실 이 세계관은 새로운 것이 아닙니다. 가깝게는 우리 민족의 정신적 뿌리가 이 세계관에서 비롯되었고, 동아시아 전통에서는 오랫동안 에너지 세계를 이해하는 핵심 틀로 삼아 왔습니다. 또한 무예, 의술, 예술, 자기 계발 등 다양한 분야에서 에너지를 활용해 왔습니다.

우리는 이 에너지 중심의 세계관을 받아들이고 활용함으로써 몸과 마음을 돌보고 관계를 회복하며 자연과 조화를 이루는 새로운 삶의 방식을 창조할 수 있습니다. 이것이 내가 모든 사람이 에너지를 느끼고 다룰 줄 알아야 한다고 생각하는 가장 중요한 이유입니다.

죽음을 넘어선 영원한 생명

죽음은 누구나 마주하게 될 현실이지만 많은 사람에게 두려움과 불안을 안겨줍니다. 그러나 삶의 깊은 본질을 이해하면 죽음을 다른 시선으로 바라볼 수 있습니다. 생명은 육체에만 한정된 것이 아니며 우리가 끝이라 생각하는 너머에서도 존재는 계속된다는 사실을 깨닫는 순간, 죽음에 대한 두려움이 평화로 바뀝니다.

우리의 본질은 신성이며, 영원한 생명의 에너지입니다. 생生과 사死는 마치 전구가 켜지고 꺼지는 것과도 같습니다. 생명 에너지가 육체에 들어오면 전구가 켜지듯 우리의 몸에 생명이 깃듭니다. 에너지가 떠나면 전구가 꺼지듯 생명이 몸을 떠날 뿐입니다. 그러나 불이 꺼졌다고 해서 전기가 사라진 것이 아니듯 우리의 생명 에너지 역시 육체를 떠날 뿐 그 본질이 소멸하는 것은 아닙니다.

생명 에너지의 관점에서 보면 삶과 죽음은 분리된 것이 아닙니다. 우리가 삶이라고 부르는 것은 에너지가 육체라는 그릇에 머무는 동안 드러나는 현상이며, 죽음은 그 에너지가 더 큰 흐름으로 되돌아가는 것입니다. 이는 물이 얼음이 되거나 수증기가 되어 증발하는 현상과 다르지 않습니다. 형태만 바뀌었을 뿐 본질은 그대로입니다.

이 생명의 이치를 깨달으면 우리는 죽음이 삶의 끝이 아니라 새로운 여정의 시작임을 알게 됩니다. 삶과 죽음의 본질은 다르지 않으며 하나의 무한한 흐름 속에서 서로 다른 모습으로 나타날 뿐입니다. 육체적 차원에서는 죽음이 분명 존재하지만, 에너지적이고 영적인 차원에서는 변화와 이동이 있을 뿐 죽음은 없습니다. 계절이 바뀌거나 바람이 불었다 멎는 것처럼 그저 자연스러운 현상일 뿐입니다.

우리는 다른 모든 생명과 마찬가지로 끝도 시작도 없이 영원한 천지기운에서 왔으며 다시 천지기운으로 돌아갑니다. 우리는 홀로 존재하면서도 스스로 존재하는 영원한 생명입니다. 여기서 말하는 영원한 생명은 천국이나 지옥 같은 특정한 장소를 말하는 것이 아닙니다. 또한 윤회를 통해 다시 태어난다는 의미도 아닙니다. 우리를 살아 움직이게 하는 생명 에너지의 영원한 본질을 뜻합니다.

우리가 죽음을 두려워하는 이유는 언젠가 완전히 사라질 것이라는 생각 때문입니다. 내가 사랑하는 사람들, 소중히 여기는 모든 것들이 죽음과 함께 영원히 사라질 것이라는 막연한 두려움이 그 뿌리에 있습니다. 그러나 영원한 생명에 대한 자각은 이러한 두려움을 근본에서부터 치유합니다. 삶과 죽음이 나뉘어 있는 것이 아니라 하나의 영원한 흐름 속에 있다는 인식은 죽음에 대한 두려움을 거두고 우리에게 가장 근본적인 차원에서 마음의 평화를 줍니다.

이러한 이해는 우리의 삶 자체를 완전히 바꿔놓을 수 있습니다. 죽음에 대한 두려움을 내려놓을 때 우리는 삶에서 맞닥뜨리는 도전과 기회를 훨씬 담대하게 받아들일 수 있습니다. 매 순간을 더 자유롭고 충만하며, 감사한 마음으로 살아갈 수 있습니다. 내가 영원한 에너지의 흐름 속에 존재한다는 것을 알게 되면 삶에 대한 깊은 신뢰와 무한한 감사가 저절로 생겨납니다. 지금 이 순간과 더 깊이 연결되며 더 큰 의미와 평화 속에서 살아갈 수 있습니다.

내면의 신성을 깨우는 세 가지 방법

우리의 본질이 본래 신성하다는 깨달음은 단지 머리로만 이해하는 것이 아니라 에너지 명상을 통해 직접적이고 구체적으로 체험할 수 있습니다. 신성과 연결될 때 자신의 영적인 잠재력을 실현하는 중요한 첫걸음을 내딛게 됩니다. 다음은 에너지를 통해 신성과 연결될 수 있도록 돕는 세 가지 구체적인 방법입니다.

단무, 영혼의 춤

단무丹舞는 몸과 내면의 에너지를 잇는 명상입니다. 에너지의 흐름에 따라 자연스럽고 자유롭게 몸을 움직이며 내면의 신성과 하나 되는 감각을 열어줍니다.

단무를 시작하기 전에 흔들기 명상이나 뇌파진동 명상으로 몸을 충분히 이완시킵니다. 그런 다음 의자나 바닥에 앉아 에너지 느끼기 명상을 시작합니다. 가슴 앞에서 두 손바닥을 천천히 가까이 모았다가 멀어지게 하며 손 사이의 에너지를 느껴보세요. 이 동작을 반복하되 손의 움직임을 억지로 조절하지 말고 에너지가 스스로 표현되도록 허용합니다. 손바닥 사이에서 에너지가 점점 커지고 강해지는 것을 느끼며 내면의 느낌이 에너지를 통해 자연스럽게 드러나도록 합니다.

어떤 움직임도 통제하려 하지 말고 손이 이끄는 대로 몸이 가는 대로 움직입니다. 에너지가 점차 팔, 어깨, 몸통으로 퍼지며 움직임이 더 커지고 자유로워질 것입니다. 에너지가 머리, 엉덩이, 다리, 발까지 확장되도록 맡기고 온몸이 에너지 흐름에 따라 자연스럽게 움직이게 합니다. 만약 일어나고 싶은 충동이 든다면 그 느낌을 따라 자유롭게 일어나 자신을 표현하세요.

단무는 다양한 형태로 표현될 수 있습니다. 때로는 부드럽고 평온하게 미풍에 살랑거리는 꽃잎처럼 느껴질 수 있으며 폭풍속 천둥과 번개처럼 강렬하고 역동적일 수도 있습니다. 몸이 진동하거나 스트레칭을 하거나 예상치 못한 방식으로 움직일 수도 있고, 전에 내본 적 없는 소리가 자연스럽게 입 밖으로 나올수도 있습니다. 이러한 모든 움직임을 억누르지 말고 있는 그대로 받아들이며 몸이 원하는 대로 흘러가게 하세요.

움직임을 따라가다 보면 여러 생각이나 감정이 떠오를 수 있습니다. 그럴 때는 관찰자의 의식을 깨워 감정을 바라보세요. 그러면 생각이나 감정에 휘둘리지 않고 흘려보낼 수 있습니다. 감정을 온전히 경험하면서도 중심을 잃지 않을 수 있으며 더 나아가 자신이 원하는 감정을 창조할 수도 있습니다.

단무를 계속하다 보면 에너지에 대한 경험이 점차 달라집니다. 처음에는 자신이 의도적으로 움직임을 이끌지만, 어느 순간 에너지가 주도권을 잡고 몸이 저절로 움직이며 에너지가 자기를 표현하기 시작합니다. 이 과정에서 몸과 마음, 에너지가 하나로 연결되는 깊은 일체감을 느끼게 됩니다. 이 영혼의 연결은 온몸의 세포로 전해지며, 때로는 벅찬 기쁨과 해방감에 눈물이 저절로 흐르기도 합니다. 단무는 자신의 진정한 본질을 재발견하고, 내면의 깊은 조화와 자유를 체험하게 하는 놀라운 명상법입니다. 이 과정에서 우리는 자신을 가두던 틀에서 벗어나 내면 깊은 곳에 깃든 신성과 하나 되는 순간을 맞이하게 됩니다.

자기 목소리와 하나 되기

소리는 우리의 진동을 변화시키는 가장 강력한 도구 가운데 하나입니다. 소리 자체가 곧 진동이기 때문입니다. 우리가 활용할 수 있는 소리에는 음악, 악기 등 다양한 방법이 있지만 그중에서 가장 직접적인 방법은 자신의 목소리로 소리를 내는 것입니다. 내가 낸 소리는 몸과 뇌를 안에서부터 울리며 공명을 일으켜 에너지에 변화를 불러옵니다.

정해진 음정이나 박자에 얽매이지 말고 마음이 이끄는 대로 소리를 내보세요. 먼저 눈을 감고 가슴에 집중하여 "아~", "오

~", "우~" 같은 모음을 길게 내봅니다. 그런 다음에는 그 소리에 음률을 실어봅니다. 익숙한 멜로디를 따라 부르는 것이 아니라 즉흥적으로 새로운 리듬을 만들어내는 것입니다. 생각을 내려놓고 오직 자신의 목소리에 몰입해 보세요. 가슴 속 느낌에 집중하고 그 감각을 있는 그대로 표현하면 자연스럽고 아름다운 소리가 흘러나옵니다. 이는 누구도 흉내 낼 수 없는 오직 당신만의 독창적인 노래가 됩니다.

기존의 노래처럼 정해진 음정과 박자에 맞출 필요도 누군가의 평가를 의식할 필요도 없습니다. 오직 내면의 느낌을 따라 자유롭게 표현해 보세요. 계속 노래하다 보면 자연스럽게 소리의 높낮이와 강약, 리듬이 조화롭게 어우러지기 시작합니다. 중요한 것은 '내가 듣기에 편안하고 좋은 소리'를 내는 것입니다.

우리의 뇌는 본래 조화와 균형을 찾아내는 능력을 지니고 있습니다. 그래서 이렇게 자유롭게 노래하다 보면 뇌가 그 소리를 스스로 조율하여 안정감 있고 긍정적인 진동으로 다듬어 줍니다. 모든 사람의 목소리에는 고유한 리듬과 진동이 실려 있습니다. 자신에게 가장 자연스럽고 편안한 소리로 노래할 때 자기 본연의 에너지가 드러납니다. 이 과정에서 자신과 목소리 사이에 일체감이 생기며 어색함 없는 자연스러운 소리가 흘러나옵니다. 전문가처럼 완벽한 목소리가 아니더라도 자신만의 균형과 조화를 담은 소리에는 깊은 감동과 아름다움이 깃들어 있습니다.

마치 단무를 통해 에너지와 하나 되는 것처럼 자신의 목소리를 통해서도 완전한 일체감을 느낄 수 있습니다. 이렇게 즉흥적으로 자유롭게 부르는 노래는 내면의 진동을 조율하고 흐트러진 에너지를 정돈할 뿐만 아니라, 자신의 생명과 영혼을 느끼고 신성과 하나 되는 강렬한 체험이 될 수 있습니다.

자연과 교감하기

신성은 세상 만물을 살아 숨 쉬게 하는 자연의 에너지이자 생명력입니다. 따라서 신성을 만나는 가장 좋은 방법 가운데 하나는 자연 속에서 시간을 보내는 것입니다. 우리는 본능적으로 자연에 끌립니다. 마치 산란을 위해 모천으로 돌아가는 연어처럼 우리는 본래 자연에서 왔기에 자연을 그리워하고 그 안에서 위안을 느낍니다.

자연은 말하지 않지만 침묵 속에서 생명의 진동으로 우리와 소통합니다. 자연은 있는 그대로의 모습을 보여주며 어떤 속임수나 가식도 없습니다. 자연 속에서는 분석하거나 배우려 할 필요가 없습니다. 그저 느끼고 연결하면 됩니다. 자연을 가까이할 때 인위적인 지식과 정보에 가려져 있던 우리 안의 명료함과 지혜가 깨어납니다.

우리가 믿고 있는 선과 악의 대부분은 인위적인 구분입니다. 그 기준은 시대와 문화, 장소와 사람에 따라 쉽게 달라집니다. 하지만 자연에는 그런 인위적인 경계가 존재하지 않습니다. 자연은 우리를 '좋다 나쁘다' 판단하지 않고, '잘한다 못한다' 누구와도 비교하지 않습니다. 꽃은 피고 지고, 잎은 돋았다가 떨어지며, 강물은 끝없이 흐릅니다. 이 모든 과정은 어떤 판단도 없이 이루어집니다. 자연은 우리에게 어떤 꼬리표도 붙이지 않기에 수많은 평가나 사회적 기대에서 오는 무게를 내려놓게 해줍니다. 자연 속에서는 그저 존재하는 것만으로도 평화와 자유를 느낄 수 있습니다.

자연은 스스로 존재합니다. 강물은 누가 가르치지 않아도 바다를 향해 흐르고, 나무는 스스로 뿌리를 내리고 성장합니다. 우리는 자연의 일부이기에 자연 속에 있을 때 내 안에 잠재된 삶을 스스로 이끌어가는 힘, 즉 자율성이 깨어납니다. 자연은 우리가 스스로 성장하고 적응하며 번영할 수 있는 내적 능력을 일깨워줍니다.

자연을 만나는 방법은 그저 마음을 여는 것입니다. 그러면 자연이 우리의 마음속으로 들어옵니다. 숲속을 거닐며 당신보다 더 오래 이 지구를 살아온 아름드리나무들을 마주해 보세요. 수많은 생명을 품고 넘실대는 바다의 물결에 당신의 몸을 맡겨보세요. 밤하늘 아래 누워 반짝이는 별들이 전하는 우주의 광대함을 느껴보세요. 이러한 순간을 체험하는 데 특별한 노력이나 설명은 필요하지 않습니다. 그저 그 순간에 존재하기만 하면 됩니다.

자연의 품 안에서 우리는 자신이 얼마나 자유롭고 무한한 존재인지를 깨닫게 됩니다. 그리고 자연을 통해 모든 생명이 하나라는 것을 머리가 아닌 가슴으로 느끼게 됩니다. 자연은 삶의 본질과 신성을 경험하게 해주는 가장 순수한 통로입니다.

12장

모두가

성인이 되는 세상

오늘날 많은 사람들의 삶의 목표는 주로 직업적 성취와 깊이 연결되어 있습니다. 우리는 어린아이들에게도 "커서 뭐가 되고 싶니?"라는 질문을 자주 던집니다. 그리고 의사, 변호사, 사업가, 엔지니어, 운동선수, 연예인 같은 대답이 돌아오기를 기대합니다. 어른들끼리의 대화에서도 누군가를 처음 만나면 가장 먼저 건네는 말이 주로 "무슨 일 하세요?"입니다. 그만큼 직업은 개인의 정체성을 규정하는 중요한 기준으로 여겨집니다.

하지만 이렇게 직업 중심의 사고방식이 늘 당연했던 것은 아닙니다. 과거 전통 사회에서는 삶의 목표가 직업적 성공에 맞춰져 있지 않았습니다. 예를 들어, 농경 사회에서는 생계를 유지하기 위해 노동이 필요했지만 그것을 삶의 주된 의미로 여기지는 않았습니다. 가족 간의 유대, 공동체 내 협력, 자연과 조화를 이루며 살아가는 일이 더 큰 가치를 지녔습니다.

도덕적 가치와 영적 성장은 많은 전통 사회에서 삶의 중심이었습니다. 동양 철학은 덕德과 도道를 따르는 삶을 이상적인 모습으로 보았습니다. 멀리 갈 것도 없이 우리나라의 건국이념 자체가 널리 세상을 이롭게 하는 '홍익인간'을 기르는 것이었습니다. 공자는 자기 수양을 통해 타인과 조화를 이루고 사회적 책임을 다하는 군자君子를 삶의 목표로 제시했습니다. 다른 전통 사회에서도 도덕적 품성을 갖추고 공동체와 세상에 긍정적인 영향을 미치는 삶을 가장 중요하게 여겼습니다.

서양도 크게 다르지 않습니다. 고대 그리스의 아리스토텔레스와 같은 철학자들은 덕을 실천하고, 이성과 지혜를 통해 자신과 공동체를 위한 선善을 추구하는 삶을 강조했습니다. 고대 로마의 마르쿠스 아우렐리우스나 세네카 같은 스토아 철학자들은 자연과 조화를 이루고, 내면의 평정을 유지하며, 균형 잡히고 목적 있는 삶을 사는 것이 중요하다고 믿었습니다.

이처럼 동서양의 전통적 가치관에서는 직업을 삶의 궁극적인 목적으로 보지 않았습니다. 직업은 단지 하나의 수단이었을 뿐, 삶의 진정한 의미는 덕을 함양하고 자연과 조화를 이루며 내면의 평화를 기르고 공동체에 이바지하는 데서 찾았습니다.

성공에 대한 관점의 전환

산업화와 자본주의가 발달하면서 직업은 개인의 사회적 성공과 가치를 평가하는 주요 기준이 되었습니다. 삶의 목표 역시 점점 직업적 성공에 집중되었고 전인적 가치보다는 경제적 성취와 사회적 인정이 더 중요한 요소로 자리 잡았습니다. 물론 직업은 삶에 일정한 구조와 목적을 부여하고, 경제적 안정을 가져다줍니다. 하지만 직업적 성취만을 삶의 중심에 둘 경우에는 사랑, 연결, 개인적 성장과 같은 본질적인 가치들을 놓치기 쉽습니다. 많은 사람들이 직업적으로 큰 성취를 이루고도 삶에서 깊은 충만감을 느끼지 못하는 이유도 여기에 있습니다.

특히 '나는 무엇을 하는가?'라는 질문을 삶의 중심에 두는 직업 중심의 사고방식은 점점 더 불안정한 기반이 되고 있습니다. 인공지능과 같은 기술의 발전은 직업 시장에 거대한 변화를 불러왔으며, 이미 많은 일자리가 AI로 대체되거나 완전히 새로운 형태로 바뀌고 있습니다. 이러한 흐름은 더욱 빠르고 광범위하게 진행될 것이며 하나의 직업으로 평생을 살아가는 일은 점점 더 어려워질 것입니다. 이런 환경에서 직업적 성공만을 정체성과 삶의 목적으로 삼는 것은 위험할 수밖에 없습니다. 직업이 바뀌거나 사라질 때 자신의 정체성까지 흔들릴 수 있기 때문입니다.

더욱이 불확실성과 변화가 더 많아질 미래에는 삶의 방향을 이끌어줄 내적 기준과 나침반이 그 어느 때보다 중요해질 것입니다. 직업 중심의 사고에서 벗어나 인성을 중심으로 삶의 목표를 전환하는 것은 단순한 철학적 이상이 아니라 현실적인 과제입니다. 우리는 이제 '나는 무엇을 할 것인가?'라는 질문에서 한 걸음 더 나아가 '나는 어떤 사람이 될 것인가?'라는 본질적인 질문을 던져야 합니다. 이 질문에 대한 명확한 답을 가질 때 무엇을 할 것인가에 대해서도 더 깊고 의미 있는 해답을 찾을 수 있습니다.

AI는 이미 우리가 일하는 방식을 크게 바꾸어 놓았지만 인간만이 가진 고유한 특성, 즉 인성과 관계를 맺는 능력은 결코 대체할 수 없습니다. AI는 데이터를 분석하고, 인간의 감정을 흉내 낼 수 있으며, 창의적인 작업도 수행합니다. 그러나 인간의 경험을 진정으로 느끼거나 이해하지는 못합니다. AI는 도덕적 행동을 '학습'하고 '실행'할 수는 있어도 스스로 도덕적 선택을 해야 한다는 내면의 울림, 곧 양심을 느끼지는 못합니다. 또한 AI는 삶의 목적을 묻거나 자신의 존재 이유를 탐구하지 않습니다. 반면 인간은 '나는 누구인가?'라는 질문을 던지고, 이를 통해 자신의 본질과 삶의 방향을 찾으려는 내면의 갈망을 가지고 있습니다.

공감, 양심, 자기 성찰 같은 인성적 자질은 직업적인 성공을 위해서만 필요한 것이 아닙니다. 충만한 삶을 바라는 모든 이들에게 필수적인 요소입니다. 다가올 시대에는 직업이 더 이상

'나'라는 정체성의 중심이 되지 않을 것입니다. 삶의 목표는 직업적 성공에 머무르지 않고 내적 성장, 성숙한 인간관계, 공동체에 대한 기여로 확장될 것입니다. 직업은 변화하고 사라질 수 있지만 우리의 인성과 진정한 인간다움은 변하지 않습니다. 의미 있는 삶을 살기 위해서는 '나는 어떤 사람이 되고 싶은가?'라는 질문을 스스로에게 던지고 그에 걸맞은 삶을 의식적으로 설계해 나가는 것이 중요합니다.

우리 시대의 성인

'나는 어떤 사람이 되고 싶은가?'라는 질문에 대한 답은 사람마다 다르고 시대와 문화에 따라 달라질 수 있습니다. 하지만 진정한 인간다움과 인성의 핵심은 개인의 상황이나 시대의 흐름과 상관없이 작용하는 보편적 가치입니다. 그것은 변하지 않는 인간의 본성이기 때문입니다. 이런 의미에서 나는 모든 사람이 추구할 수 있는 인성 실현의 목표로 '성인聖人'을 제안합니다. 성인이 되는 것을 마음에 품고 평생 이루어가야 할 우리 모두의 이상으로 삼자고 제안합니다.

나는 어린아이들을 만나면 "성인이 되는 꿈을 가져보라"라고 이야기합니다. 그리고 성인이란 세상에서 가장 친절하고, 지혜롭고, 영감을 주는 사람이라고 설명해 줍니다. 그러면 아이들은 눈을 반짝이며 "나도 성인이 될래요!" 하고 합창하듯 대답하니다. 십 대 초반의 아이들에게는 "성인을 본캐로 삼고, 하고 싶은 일은 부캐로 삼아라"라고 조언합니다. 그 아이들도 말귀를 알아듣고 미소를 지으며 고개를 끄덕입니다.

하지만 어른들에게 같은 말을 하면 회의적인 반응이 돌아오는 경우가 많습니다. 어른들은 성인이 되는 것을 너무 이상적이고 현실과는 동떨어진 일로 생각합니다. 하지만 어쩌면 이런 반응은 성인에 대한 오해에서 비롯된 거리감 때문일지도 모릅니다.

성인이라고 하면 많은 이들이 예수, 부처, 공자, 무함마드 같은 인류의 위대한 스승들을 떠올립니다. 이런 성인들은 완벽한 도덕적 존재로 모든 것을 용서하고, 자신을 희생하며, 실수조차 하지 않는 인물로 묘사됩니다. 게다가 일부 종교 전통에서는 성인을 전지전능한 절대적 존재로 표현하기 때문에 성인이 된다는 생각 자체가 실현 불가능하거나 아예 금기처럼 느껴지기도 합니다.

이렇게 이상화된 이미지 때문에 성인과 일반인들 사이에 분리감이 생깁니다. 우리는 실수도 하고 때로는 후회스러운 선택을 하며 이기적인 면모를 보이기도 합니다. 그런 평범한 모습 속에서 성인을 상상하는 것이 어렵게 느껴지는 것도 당연해 보입니다. 대부분의 사람에게 성인은 존경하거나 섬겨야 할 대상일 뿐 내가 따르고 닮아가야 할 존재라는 인식은 거의 없습니다. 그래서 성인이 되는 것을 인생의 목표로 삼는다는 생각 자체를 하지 않습니다.

그러나 당신이나 내가 성인이 되지 못할 이유는 없습니다. 금기시되거나 불가능한 일이 아닙니다. 왜냐하면 앞에서 강조했듯이 우리 모두의 뇌 속에는 신성이 깃들어 있기 때문입니다. 인류 역사에서 성인이 드물었던 이유는 성인이 되기가 본질적으로 어려워서가 아니라 그런 꿈을 꾸지 않았고, 그런 가능성을 자신 안에서 찾지 않았기 때문일지도 모릅니다.

성인은 도덕적으로 완전무결한 위인이거나 평범한 사람은 감히 넘볼 수 없는 특별한 능력을 지닌 존재가 아닙니다. 우리 시대의 성인이란 자기 안에 신성이 있다는 사실을 자각한 사람입니다. 그리고 그 신성에서 비롯된 공감, 양심, 세상을 이롭게 하는 홍익 정신을 삶 속에서 실천하는 사람입니다. 한마디로 성인은 자신과 세상에 대한 사랑과 책임을 행동으로 옮기는 사람입니다. 이런 사람이 성인이라면 누구나 되어볼 만하지 않겠습니까? 그런 성인이라면 서로에게 권할 수 있지 않겠습니까?

성인의 씨앗

나는 모든 사람이 성인이 될 수 있다고 믿습니다. 왜냐하면 우리 모두의 뇌 속에 성인의 씨앗이 존재하기 때문입니다. 이 씨앗은 누구에게나 있지만 저절로 자라지는 않습니다. 스스로 성인이 되겠다는 의식적인 선택과 실천을 통해서만 자라고 꽃을 피울 수 있습니다.

맹자는 모든 사람에게 "차마 참지 못하는 마음(不忍人之心)"이 있다고 말하며, 이렇게 설명했습니다. "어린아이가 우물에 빠지려 할 때, 그 아이를 구하러 달려가는 마음은 어디에서 오는가? 그것은 어린아이의 부모와 친해지기 위해서도, 마을 사람들에게 칭찬받기 위해서도, 자신의 평판을 지키기 위해서도 아니다. 그저 우리 마음속에 어린아이를 구하지 않고서는 견딜 수 없는 심성이 있기 때문이다."

맹자가 말한 '차마 참지 못하는 마음'이 곧 성인의 씨앗입니다. 우리 모두에게 있는 양심, 공감, 사랑, 그리고 다른 사람을 도우려는 홍익의 마음입니다. 이런 마음이 있기에 우리는 어려운 상황에 직면한 사람을 보면 자연스럽게 돕고 싶은 마음이 생깁니다. 도로에서 차가 멈춰 서 있으면 괜찮은지 묻고 싶고, 비를 맞으며 떨고 있는 강아지를 보면 어떻게든 안전한 곳으로 데려가야 한다는 마음이 듭니다. 자연재해로 고통받는 사람들을 보면 개인적인 연고가 없음에도 돕고 싶어집니다. 이런 행동들은 계산된 이익 때문이 아니라 우리 내면에서 타인을 향한 선의와 사랑이 자연스럽게 흘러나오기 때문입니다.

현대 뇌과학은 이러한 사실을 뒷받침합니다. 연구에 따르면, 우리의 뇌는 타인의 고통이나 감정을 마치 자기 일처럼 느끼도록 설계되어 있습니다. 예를 들어, 한 사람이 뜨거운 물건을 만져 화상을 입었을 때 느끼는 통증과 그 모습을 지켜보는 사람이 느끼는 심리적 고통은 뇌의 동일한 영역에서 활성화됩니다. 이는 단지 상상이나 공감이 아니라 신경학적으로 타인의 고통을 함께 느끼고 있다는 것을 보여줍니다. 우리의 뇌는 본질적으로 다른 사람들과 연결되도록 설계되어 있습니다.

또한 다른 사람을 돕거나 선행을 할 때 우리 뇌는 기쁨을 느끼도록 진화해 왔습니다. 이타적인 행동을 할 때 도파민이 분비되어 맛있는 음식을 먹을 때처럼 즐거움을 느낍니다. 그런데 흥미로운 점은 이타적인 행동에서 오는 기쁨이 더 깊고 오래 지속되는 심리적 안정감과 행복감을 준다는 사실입니다. 연구에 따르면 정기적으로 친절을 베풀고 이타적인 행동을 하는 사람들은 그렇지 않은 사람들보다 스트레스 수준이 낮고 신체적으로도 더 건강하며 우울증과 불안 증상 발병률도 낮습니다.

이러한 연구들은 우리가 연결과 공감을 통해 의미를 찾도록 생물학적으로 설계되어 있음을 보여줍니다. 즉, 우리의 뇌는 본질적으로 우리가 성인이 되는 것을 돕도록 만들어져 있습니다. 공감, 양심, 사랑, 홍익의 마음은 우리 뇌의 본질적 속성이며, 모든 사람 안에 존재하는 성인의 씨앗입니다. 성인이 된다는 것은 거창하거나 특별한 일이 아닙니다. 그것은 우리가 본래 지니고 있는 가능성을 받아들이고 실현하며 살아가는 것입니다.

성인 모드를 켜라

우리는 매일 심각한 뉴스에 둘러싸여 살아갑니다. 전쟁과 폭력,

정치적 갈등이 매일 헤드라인을 차지합니다. 서로의 차이를 존중하며 해결책을 찾기보다는 한 치의 양보도 없이 각자의 입장만을 고수하면서 갈등이 점점 더 커지고 있습니다. 이런 현실 속에서 많은 이들이 답답함, 무력감, 좌절감을 느낍니다.

불화와 갈등을 보고 불편함을 느끼는 것은 지극히 자연스러운 반응입니다. 그리고 이 불편함은 우리 안에 평화와 조화를 바라는 신성과 성인의 씨앗이 있다는 증거입니다. 세상의 불화가 마음에 걸리고 이를 줄이고 싶은 마음이 든다면 이미 당신 안에 내재한 성인의 마음이 깨어난 것입니다. 이는 단순한 불만이 아니라 내면 깊은 곳에 자리한 평화를 추구하는 본성이 드러난 것입니다.

전쟁이나 폭력으로 고통받는 사람들을 보고 분노와 슬픔이 일어난다면, 멸종 위기에 처한 동물이나 인간의 욕심으로 파괴된 자연을 보며 책임감을 느낀다면, 당신은 이미 성인의 마음을 지닌 사람입니다. 누군가의 어려움을 보고 마음이 쓰이고 돕고 싶은 마음이 든다면 그것은 당신 안의 신성이 깨어났다는 증거입니다. 세상의 아픔을 자신의 아픔으로 느끼고 그 아픔을 치유하고자 하는 본성이 깨어난 것입니다.

성인이 되기 위해 거창한 영적 능력이나 큰 깨달음이 필요한 것은 아닙니다. 세상이 평화롭기를 바라는 마음, 모두가 행복하기를 바라는 마음, 그리고 지구환경이 회복되기를 바라는 마음, 이러한 순수하고 단순한 마음이면 충분합니다. 중요한 것은 그 마음을 행동으로 옮기는 일입니다. 누구나 지금 할 수 있는 작은 일부터 시작할 수 있습니다. 작은 친절, 따뜻한 격려의 말, 타인을 배려하는 노력, 에너지 절약, 쓰레기 줄이기 같은 일상적인 실천은 우리 안에 내재한 성인의 마음을 드러내는 행동입니다. 그런 의미에서 성인이 된다는 것은 양심적이고 책임 있는 시민으로 사는 것과 크게 다르지 않습니다.

인간은 종종 반은 동물, 반은 신성한 존재로 묘사됩니다. 우리 안에는 생존을 위한 본능과 충동이 있지만 그것만으로는 만족하지 못합니다. 우리 안의 신성이 그 이상의 것을 갈망하기 때문입니다. 동물은 기본적인 욕구만 충족되면 만족하지만, 인간은 산해진미에 둘러싸여 있어도 내면이 공허하면 깊은 허무함을 느낍니다. 우리는 본질적으로 의미와 목적을 추구하는 영적인 존재이기 때문입니다.

우리의 뇌에는 이기적인 생존 모드와 함께 양심과 공감, 홍익의 마음을 깨우는 성인 모드도 존재합니다. 어떤 모드로 살아갈지는 미리 정해진 것이 아니라 순간순간의 선택에 달려 있습니다. 중요한 것은 생각에 머무르지 않고 행동으로 옮기는 것입니다. 전구도 켜야 빛이 나고 종도 쳐야 소리가 나듯, 성인 모드도 의식적으로 써야 활성화됩니다. 아무리 작고 소박한 실천일지라도 사랑과 공감에서 비롯된 행동을 하는 순간, 우리는 이미 성인의 마음을 쓰고 있는 것입니다.

당신 안의 성인을 드러내라

앞으로 10년 동안 우리는 인류 역사상 한 번도 경험하지 못한 큰 변화를 맞이할 가능성이 큽니다. 기후변화, 기술혁명과 AI의 발전, 고조되는 정치·경제적 불안, 생물다양성 감소와 자원 고갈 등 여러 도전이 동시에 우리를 압박하고 있습니다. 이러한 문제들은 특정 개인이나 국가의 문제가 아니라 모든 사람의 관심과 행동을 요구하는 전 지구적 과제입니다. 이제 더 이상 방관하며 지켜보기만 할 여유가 없습니다. 변화가 어느 방향으로 흘러갈지 그 결말이 어떻게 될지는 아무도 정확히 알 수 없습니다. 그러나 한 가지는 분명합니다. 그 변화의 결과는 개인을 넘어 미래 세대, 지구의 모든 생명체, 그리고 지구환경 전체에 영향을 미칠 것이라는 사실입니다.

우리의 뇌는 무한한 창조성과 잠재력을 가지고 있습니다. 우리가 가진 모든 지식, 기술, 예술, 문화는 바로 이 뇌의 힘에서 비롯되었습니다. 오늘날 우리가 누리는 문명의 발전과 삶의 풍요 역시 뇌의 능력 덕분입니다. 그러나 지금 우리는 뇌의 잠재력을 충분히 발휘하지 못하고 있습니다. 우리의 의식이 개인과 집단의 이익을 넘어 지구 전체를 생각할 만큼 성숙하지 못했기 때문입니다. 그 결과 우리는 뇌의 놀라운 능력을 환경 파괴, 사회적 불평등, 전쟁과 같은 문제를 만들어내는 데 사용해 왔습니다.

지구는 우리가 알고 있는 한 인간이 생존할 수 있는 유일한 행성입니다. 수십억 년 동안 이어져 온 경이로운 생태계이며, 인간뿐 아니라 수많은 생명체가 함께 살아가는 집입니다. 우리는 이 소중한 집을 때로는 무관심으로 때로는 편리함과 이익을 좇느라 망가뜨리고 있습니다.

우리의 뇌는 경쟁과 지배, 파괴를 위해 존재하는 것이 아닙니다. 우리의 뇌는 공감과 연결, 협력을 통해 세상을 더 나은 방향으로 이끌 수 있는 잠재력을 지니고 있습니다. 이 소중한 뇌의 힘을 서로를 파괴하고 지구를 망가뜨리는 데 쓰는 것은 참으로 안타까운 일입니다.

인류는 역사 속에서 위기의 순간마다 놀라운 잠재력을 발휘해 왔습니다. 전염병을 극복하고, 기술 혁신을 이루며, 자유와 인권을 확대해 온 과정은 우리가 무엇을 이룰 수 있는지를 보여줍니다. 하지만 우리에게는 아직 실현되지 않은 더 큰 잠재력이 있습니다. 지금 우리가 보고 있는 우리의 모습이나 이룬 성과들은 인류의 위대한 가능성에 비하면 그저 시작에 불과할지도 모릅니다. 우리는 현재의 문제를 해결하는 데 그치지 않고 지금껏 인류가 이루지 못했던 새로운 삶의 방식과 존재 방식을 창조할 힘을 가지고 있습니다.

게다가 우리는 지금 인류 역사상 가장 연결된 시대를 살고 있습니다. 지구 반대편에서 일어난 일이 실시간으로 우리의 삶에 영향을 미치고, 한 개인의 목소리가 전 세계로 퍼질 수 있는 시대입니다. 인터넷과 기술 혁신 덕분에 물리적 거리를 넘어 모든 개인이 서로 연결되고 협력할 수 있는 전례 없는 기회를 가지게 되었습니다. 과거에는 왕이나 지도자, 소수의 엘리트에게 세상을 바꿀 힘과 자원이 집중되어 있었습니다. 그러나 지금은 시대가 달라졌습니다. 이제는 평범한 사람들도 변화를 만들어낼 힘과 기회를 가지고 있습니다.

점점 더 많은 사람들이 전 지구적 문제를 인식하고, 자신의 목소리를 내며 행동하고 있습니다. 세상을 걱정하는 데 그치지 않고 자신이 할 수 있는 일을 찾아 실천하고 있습니다. 과거에는 이러한 의식과 책임감을 소수의 선각자나 위대한 성인들에게나 기대했습니다. 하지만 지금은 그런 의식이 평범한 사람들의 마음속에도 깊이 자리 잡고 있습니다. 그만큼 인류 전체의 뇌가 확장되고 우리의 영성이 깨어나고 있는 것입니다.

하지만 우리에게 주어진 이 기회가 영원히 지속될 것이라는 보장은 없습니다. 어쩌면 지금이 인류가 이런 기회를 가질 수 있는 처음이자 마지막 순간일지도 모릅니다. 우리는 지금 인류와 지구가 처한 상황을 직접 눈으로 목격하고, 온몸으로 체감하고 있습니다. 문제의 원인을 알고 있으며 이를 해결할 지식과 기술도 가지고 있습니다. 무엇보다 우리는 뇌와 마음의 안내를 받아 선택하고 행동할 수 있는 존재입니다.

지금 우리는 모두가 성인이 될 수 있을 뿐만 아니라 모두가 성인이 되어야 하는 시대에 살고 있습니다. 이는 완벽함을 추구하는 것이 아니라 지금 우리가 할 수 있는 의미 있고 책임감 있는 행동에 헌신하는 것입니다. 지금 지구는 한두 명이 아니라 수천, 수백만 명의 성인이 필요합니다. 우리 한 사람 한 사람이 자신의 내면에 있는 지혜와 공감, 책임감을 드러내고 실천한다면 우리는 지금까지와는 다른 새로운 문화를 만들어낼 수 있습니다.

성인의 마음을 드러낼 때 우리는 경쟁과 파괴의 패턴을 반복하는 대신 협력과 공생의 문화를 만드는 데 뇌를 사용할 수 있습니다. 서로의 다름을 배척하는 대신 서로 배우고 영감을 주고받는 데 사용할 수 있습니다. 지구환경을 파괴하는 것이 아니라 지구를 회복하고 보호하는 데 뇌의 능력을 쓸 수 있습니다. 물질적 이익만을 좇는 대신 물질과 정신이 조화를 이루고 삶의 깊이와 아름다움이 공존하는 시대를 여는 데 사용할 수 있습니다.

모두가 성인이 되는 세상

어느 날, 가수 조용필의 '킬리만자로의 표범'이라는 노래를 듣다가 "내가 지금 이 세상을 살고 있는 것은 21세기가 간절히 나를 원했기 때문이야"라는 가사가 마음 깊이 와닿았습니다. 참으로 멋진 자기 선언이라는 생각이 들었습니다. 정말로 21세기가 나를 간절히 원해서 내가 이 세상에 존재하는 것이라면 나는 이 세상을 더 나은 곳으로 만들기 위해 노력할 것입니다. 내 존재가 세상을 조금이라도 더 밝고 긍정적인 곳으로 변화시킬 수 있다면 그것만으로도 내 삶은 충분히 의미 있고 보람찰 것입니다.

우리는 자신의 의지로 이 세상에 태어난 것이 아닙니다. 그러나 각자 주어진 삶 속에서 자신의 역할과 목적을 찾기 위해 끊임없이 노력합니다. 이 세상에 미리 정해진 삶의 목적 같은 것은 없습니다. 우리가 자신의 신성을 깨닫고 진정한 가치를 발견할 때 비로소 삶의 목적을 스스로 정하고, 그 목적을 이루기 위해 살아갈 수 있습니다. 태어남은 우리의 선택이 아니었지만 자신의 가치를 스스로 발견하고 삶의 목적을 정하는 순간부터 우리는 진정한 삶의 주인이자 자기 운명의 창조자가 됩니다.

우리 한 사람, 한 사람은 이렇게 선언할 자격이 있습니다. "나는 21세기 지구가 간절히 원했기에 이 세상에 태어났다." 우리의 본질은 신성 그 자체이며, 영원한 생명입니다. 그렇기에 온 우주가 나를 간절히 원해서 내가 지금 이 자리에 있게 된 것이라 해도 결코 과장된 표현이 아닙니다. 오히려 우리 각자가 얼마나 대단한지를 상기시키는 진실입니다.

자신의 소중함을 깨달을 때 우리는 자신에 대한 존경과 신뢰, 그리고 깊은 믿음을 가질 수 있습니다. 그러한 자기 인식이야말로 우리가 스스로 선택한 고귀한 가치에 걸맞은 삶을 살아가게 하는 원동력입니다. 또한 나뿐 아니라 모든 존재가 그러한 가치를 지녔음을 알기에 우리는 서로를 존중하며 진정한 연대와 공감을 나눌 수 있습니다.

그러나 우리는 종종 스스로 과소평가하고 이 세상에서 내가 별 의미 없는 존재라고 생각합니다. 내 삶조차 내가 원하는 대로 바꾸기 어려운데 어떻게 세상을 바꾸는 데 이바지할 수 있을지 의문이 들기도 합니다. 하지만 그것은 큰 착각입니다. 우리 모두에게는 뇌가 있고 마음이 있기에 자신의 삶을 스스로 창조할 수 있습니다. 그 힘을 조금만 확장해도 우리는 더 지속 가능하고 평화로운 세상을 만드는 데 충분히 기여할 수 있습니다.

어떤 상황에서도 자신의 가치를 깎아내려서는 안 됩니다. 인류를 과소평가하거나 자신과 타인에 대한 희망과 믿음을 잃어서는 안 됩니다. 삶이 아무리 힘들게 느껴질지라도 그 어려움을 이겨내고 앞으로 나아갈 힘은 바로 당신 안에 있습니다. 인류가 현재 겪고 있는 많은 문제는 인간이 만든 것이지만, 그것을 해결할 수 있는 존재 역시 인간입니다. 우리는 단지 우리 자신의 희망일 뿐만 아니라 인류 전체의 희망이기도 합니다.

몸과 마음을 치유하고 세상을 지속 가능하고 평화롭게 바꿀 힘은 첨단 기술이나 대규모 투자가 아닙니다. 그 힘은 우리 안에 있는 사랑과 공감, 그리고 성인의 마음에서 나옵니다. 가장 작은 행동이 가장 큰 변화를 일으킬 수 있습니다. 사랑과 공감은 인공적으로 만들어지거나 계산할 수 있는 것이 아닙니다. 그것은 오직 사람만이, 우리만이 할 수 있는 일입니다. 우리는 모두 성인으로서 이 사랑과 공감을 세상에 전하라는 부름을 받고 있습니다.

스스로 성인임을 선언하라

꿈을 포기하고 싶어질 때, 희망이 희미해지려 할 때에는 잠시 멈추어 마음을 리셋하고 당신의 정신을 일깨워 보세요. 브레인 스포츠 활동을 해보세요. 에너지를 충전하고 내면의 힘과 연결되는 활동이라면 무엇이든 좋습니다. 그런 다음 브레인폰을 켜고 스스로에게 이렇게 선언해 보세요.

"나는 해낸다!"

"내가 세상에 태어난 이유는 21세기 지구가 나를 간절히 원했기 때문이다!"

"나는 나의 희망이고 세상의 희망이다!"

"나는 성인이다!"

처음에는 낯설고 어색하게 느껴질 수 있습니다. 심지어는 우스꽝스러워 피식 웃음이 나올지도 모릅니다. 그래도 소리 내 선언해 보세요. 이왕이면 가슴을 활짝 펴고, 자신 있고 당당하게 외쳐보세요. 당신의 마음 깊은 곳에서 어떤 울림이 일어날 것입니다. 당신의 뇌는 이 선언의 힘을 이해하고 그 의미를 받아들이며 새겨들을 것입니다.

뇌는 원래 말의 힘에 민감하며 반복해서 하는 말에 따라 행동하려는 경향이 있습니다. 당신이 이 선언을 반복할수록 뇌는 열심히 신경 가소성을 발휘하여 이를 현실로 만들어갑니다. 온갖 상상력과 창조력, 끈기와 근성을 총동원해 당신이 성인으로 살아갈 수 있도록 도울 것입니다.

브레인 스포츠를 통해 몸과 마음을 함께 훈련하고 브레인폰을 활성화하면 내면의 지혜와 더 깊이 연결될 수 있습니다. 이 과정은 당신의 행동을 스스로 소중히 여기는 가치와 일치시키고, 매 순간 성인으로 살아갈 수 있도록 이끌어줍니다.

밥 한 끼를 짓든 턱걸이 한 개를 하든 성인의 행동이라 생각하고 해 보세요. 그 일이 21세기의 지구가 당신에게 간절히 원하는 일이라고 여겨보는 것입니다. 아무리 작은 일이라도 의미와 그 일을 대하는 마음이 달라질 것입니다. 이렇게 모든 활동을 브레인 스포츠로 바꾸면 우리는 그 일을 더 열정적으로, 진심과 사려 깊은 배려를 담아서 할 수 있습니다.

그렇다고 세상의 모든 짐을 다 짊어져야만 변화를 만들 수 있는 것은 아닙니다. 모든 일을 거창하고 무겁게 받아들일 필요는 없습니다. 우리는 긍정적인 마음과 유쾌한 에너지, 자신감 넘치는 태도로 신명 나게 우리가 원하는 삶과 세상을 만들어갈 수 있습니다. 일상의 행동 속에서 기쁨과 즐거움을 발견하고 그 기쁨이 더 많은 일을 할 수 있는 에너지가 되게 할 수 있습니다.

나는 요즘 다른 사람들에게 턱걸이를 권하고 가르치면서 그런 기쁨을 함께 나누고 있습니다. 특히 누군가가 첫 턱걸이를 시도할 때의 기쁨은 말로 표현할 수 없습니다. 턱걸이를 한 번도 해본 적 없던 사람이 "와, 해냈다!" "어, 되네!" 하고 환호할 때마다 기쁨으로 가슴이 벅차오릅니다. 그들이 자신의 한계를 넘어 내면의 힘을 발견하는 모습을 보는 것은 정말로 감동적이고 큰 희망을 줍니다.

'나는 못해'라는 믿음을 턱걸이를 통해 극복한 사람들은 다른 삶의 도전에도 용기 있게 맞설 것입니다. 턱걸이에 성공했듯이 무엇이든 선택하고 행동하면 결국 해낼 수 있다는 믿음과 희망을 키워갈 것입니다. 그렇게 길러진 희망과 믿음은 개인에게만 유익한 것은 아닙니다. 그것은 주위 사람들에게도 전해져 더 큰 선한 영향력으로 이어질 것입니다. 그래서 나는 농담 반, 진담 반으로 "브레인 턱걸이가 성인 되는 데 가장 좋은 운동"이라고 말하곤 합니다.

나에게도 세상에도 이로운 행동이라면 아무리 작은 것이라도 성인의 행동입니다. 우리는 이렇게 삶의 모든 영역에서 크고 작은 행동으로 성인의 마음을 드러낼 수 있습니다. 서로를 격려하고 그 마음을 북돋우며 함께 긍정적인 변화를 만들어갈 수 있습니다. 이러한 노력이 모이면 성인은 특별한 존재가 아닌 모두가 공유하는 상식이 될 것입니다. 상식을 가진 어른이라면 누구나 성인이 되는 그런 세상, 인류가 영적 잠재력을 실현하는 새로운 정신문명 시대로 자신과 사람들을 이끌 것입니다. 그 여정은 바로 오늘, 당신이 턱걸이 한 개에 도전하는 것과 같은 작은 일에서부터 시작할 수 있습니다.

현실 너머를 볼 수 있는 눈

우리의 의식이 과거의 기억과 눈앞의 현실에 갇혀 있을 때는 자신의 한계와 장애를 넘어서는 일이 불가능하게 느껴질 수 있습니다. 또한 인류가 지금의 물질과 경쟁 중심의 삶에서 벗어나 정신적 완성과 공생의 문화를 우선하는 세상을 만든다는 것은 그저 허황한 꿈처럼 느껴질지도 모릅니다.

하지만 브레인폰을 켜고 우리의 뇌를 되찾으면 현실 너머를 바라보는 새로운 눈이 열립니다. 잊고 있던 자신의 위대함을 다시 발견하고 우리의 본질이 무한한 지혜와 창조성, 가능성으로 진동하는 신성임을 깨닫게 됩니다. 그 순간 과거의 경험이나 현실의 제약을 넘어 다시 꿈을 꾸고 상상하며, 그 꿈을 실현하기 위한 구체적인 실천을 시작할 수 있습니다.

꿈이란 아직 이루어지지 않은 현실입니다. 하지만 뇌의 주인이 될 때 우리의 마음속에서는 이미 그 꿈이 실현된 모습을 생생히 느낄 수 있습니다. 현실에서는 아직 멀리 있을지라도 마음속에는 이미 이루어진 그 꿈을 바라보며 앞으로 나아갈 수 있습니다. 그런 의지와 희망이 우리의 길을 비추는 등불이 되어줍니다.

브레인폰을 켜고, 생각이 아닌 느낌으로 당신 안에 있는 위대한 성인의 마음을 찾아보세요. 브레인 스포츠 활동으로 그 마음을 지속적으로 키우고 단단하게 하세요. 그 마음이 당신에게 현실의 제약을 뛰어넘을 수 있다는 확신을 주고 새로운 길을 열어줄 것입니다.

우리가 되찾은 위대한 마음으로 할 수 있는 가장 아름다운 일은 조건 없는 사랑을 실천하는 것입니다. 자기 자신을 조건 없이 존중하고 사랑하며, 모든 생명을 소중히 여기고 귀하게 대해주세요. 이미 그런 삶으로 주위에 영감을 주고 있는 많은 분께 깊은 감사를 드립니다. 당신의 위대한 마음으로 세상을 더 아름답게 환하게 만들어 주십시오.

브레인폰을 켜라

초판 1쇄 인쇄 2025년(단기 4358년) 5월 21일
초판 1쇄 발행 2025년(단기 4358년) 5월 28일

지은이 · 이승헌
펴낸이 · 심남숙
펴낸곳 · (주)한문화멀티미디어
등록 · 1990. 11. 28. 제 21-209호
주소 · 서울시 광진구 능동로 43길 3-5 동인빌딩 3층 (04915)
전화 · 영업부 2016-3500 편집부 2016-3532
http://www.hanmunhwa.com

운영이사 · 이미향 | 편집 · 강정화 최연실 | 기획 홍보 · 진정근
디자인 제작 · 이정희 | 경영 · 강윤정 | 회계 · 김옥희 | 영업 · 이광우

ISBN 978-89-5699-490-1   03320